I0512133

FOYERS ET COULISSES

HISTOIRE ANECDOTIQUE

DE TOUS LES THÉATRES DE PARIS

VARIÉTÉS

AVEC PHOTOGRAPHIES

PARIS

TRESSE, ÉDITEUR

GALERIE DE CHARTRES, 10 ET 11

PALAIS-ROYAL

MDCCCLXXIII

Tous droits réservés.

FOYERS ET COULISSES

TROISIÈME LIVRAISON

VARIÉTÉS

Paris. — Richard-Berthier, 18 et 19, pass. de l'Opéra.

FOYERS
ET
COULISSES

HISTOIRE ANECDOTIQUE DES THÉATRES DE PARIS

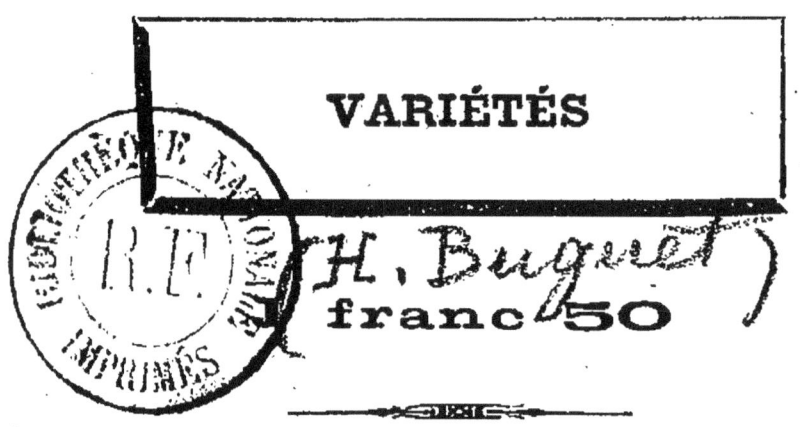

PARIS
TRESE, ÉDITEUR

10 ET 11, GALERIE DE CHARTRES

Palais-Royal

1873

Tous droits réservés

VARIÉTÉS

(1790)

  Le théâtre des Variétés a occupé trois salles différentes, d'abord la salle des Beaujolais (Palais-Royal), puis la salle de la Cité (en face le Palais-de-Justice), et enfin la salle des Panoramas, boulevard Montmartre.
  Marguerite Brunet, dite Montansier, naquit en 1730, à Bayonne, d'une famille connue dans la marine; elle fut élevée aux Ursulines de Bordeaux et en sortit pour aller en Amérique, où elle resta plusieurs années. Revenue en France, elle se mit au théâtre; elle joua Nanine, en province, et, sans son accent, elle aurait débuté aux Français; elle devint directrice du théâtre de Nantes, fit la connaissance de M. de Saint-Conty, lequel l'aida de tous ses moyens pour prendre la direction du petit théâtre, rue Satory, à Versailles, vers 1768.

C'est de là que sortirent Granger, qui y joua *Azor*, Fleury, La Rochelle, Amiel et même Mme Saint-Aubin, alors fort jeune; Mme Colomb aînée, en 1775, ayant obtenu, par la bienveillance de la reine, le privilége exclusif de donner des spectacles et des bals dans Versailles, Mlle Montausier fit bâtir la salle des Réservoirs, dont l'ouverture eut lieu en 1777. De cette nouvelle école sortirent Saint-Prix, Mlle Joly, Mme Crétu; je ne parle pas de Mlle Mars, qui n'était qu'une enfant. C'est vers le même temps qu'elle fit la perte de M. de Saint-Conty, mort à trente-deux ans. Il lui avait fait avoir la direction de tous les théâtres de la cour : Saint-Cloud, Marly, Fontainebleau, Compiègne, et de beaucoup de villes; le Havre, dont elle avait fait bâtir la salle, Rouen, Caen, Orléans, Tours, Angers, et elle y envoyait de temps à autre un ou plusieurs de ses meilleurs sujets de Versailles pour quelques représentations.

Lorsque Louis XVI vint habiter les Tuileries, en octobre 1789, elle déclara qu'à l'instar de l'Assemblée nationale elle était inséparable de Sa Majesté. En conséquence, elle vint établir son théâtre à Paris et prit des arrangements avec les directeurs du théâtre des Beaujolais. Ce théâtre des Beaujolais, situé au Palais-Royal, péristyle de Joinville, 77, fut construit en 1783 par le duc d'Orléans, sur les dessins de l'architecte Louis ; l'ouverture eut lieu le samedi 23 octobre 1784. — Dans l'origine, on y donnait des représentations devant une société choisie et peu nombreuse ; plus tard, le théâtre Beaujolais fut établi pour amuser l'enfance du comte de Beaujolais, le plus jeune des frères du roi Louis-Philippe. Il fut affecté alors à des grandes marionnettes en bois d'un mètre de haut, que des mains invisibles faisaient mouvoir, tandis que des acteurs cachés parlaient pour eux. Aux marionnettes on substitua de jeunes enfants qui jouaient en mimant, tandis que de grandes personnes parlaient et chantaient dans la coulisse, genre de spectacle qui eut dans son temps un grand succès.

Louée d'abord par bail à Gardeur pour la somme de 15,000 livres, la salle des Beaujolais fut vendue le 24 juin 1787 à Desmarest, qui la céda à Mlle Montansier, pour la somme de 570,000 livres. Il y eut quelques contestations entre les propriétaires, Desmarest et Delamel, qui firent à Mlle Montansier un procès qu'elle gagna. — Elle crut pouvoir ouvrir son spectacle pendant l'hiver de 1789. Les commerçants qui n'avaient pris des locations auprès de cette salle que dans la persuasion qu'elle serait toujours ouverte, appuyaient sa demande auprès de la municipalité. Cependant, malgré ces réclamations, fondées sur l'anéantissement des priviléges, la municipalité, par respect pour une décision particulière de *Bailly*, premier maire de Paris, empêcha d'ouvrir pendant tout l'hiver. Cette question ayant été portée ensuite dans le conseil général et l'opinion ayant été favorable à Mlle Montansier et aux citoyens réclamant, *Bailly* voulut bien *tolérer* l'ouverture de ce théâtre après Pâques, en 1790. Mlle Montansier avait fait agrandir la scène de son théâtre, dont l'ouverture eut lieu le lundi 12 avril 1790. — Le discours d'inauguration, composé par *Beffroy de Rigny*, surnommé le *Cousin Jacques*, fut prononcé avec âme par Baptiste cadet (il était relatif à la destruction des priviléges). Ce discours fut suivi des *Epoux mécontents*, opéra en 4 actes, par Dubuisson, musique del signor Storace, à laquelle Salien a aussi pris part. Cet opéra fut représenté trente jours de suite et la foule se porta à ce spectacle où l'on ne joua d'abord que d'assez mauvaises comédies et des opéras parodiés sur la musique des compositeurs italiens ; les acteurs et les actrices étaient excellents, mais Mlle Montansier manquait de répertoire. Elle sut en moins de six mois en former un très-varié et très-attrayant, mais les acteurs étaient trop grands et la salle trop petite. Il fallut donc l'agrandir encore pour la commodité du public et le bien de la caisse. — C'est ce qui fut opéré dans l'intervalle de la clôture pascale de l'année 1791. — Cette transformation a été faite comme par miracle, d'un coup de baguette, et c'est l'architecte Louis qui a été le magicien. Les spectateurs qui s'étaient vus quinze jours avant dans une salle toute étroite, toute écrasée, ne pouvaient croire qu'ils étaient dans le même endroit. Ce nouveau local fournit les moyens de représenter des ouvrages de plus grande importance et surtout de jouer la tragédie. La troupe fut doublée.

Les massacres de 1792 arrivèrent : Mlle Montansier, craignant pour sa vie, équipa à ses frais une compagnie franche, composée de quatre-vingts personnes, parmi lesquelles elle comptait beaucoup de ses acteurs, pour aider à repousser l'ennemi et non pour jouer la comédie à l'armée de Dumouriez, comme on voulait le faire croire. — Cette compagnie resta six semaines au camp de la Lune et revint quand l'ennemi eut évacué notre territoire ; *Neuville* en était colonel, mais il n'alla pas au delà de Reims, s'étant démis un bras en montant à cheval. — On jouait au théâtre de Mlle Montansier la tragédie, l'opéra comique et la comédie. C'est ce qui lui fit donner le titre de théâtre des *Variétés*. Ce fut là qu'on joua pour la première fois :

le Sourd ou l'Auberge pleine, le Désespoir de Jocrisse, et qu'on osa refaire la musique des *Évènements imprévus*, du *Tableau parlant* et de quelques autres opéras de Grétry. Au plus fort de la révolution, le théâtre Montansier devint une des succursales les plus fameuses des clubs révolutionnaires ; il prit le nom de péristyle du jardin Egalité, et le 22 novembre 1793, celui du théâtre de la Montagne, qu'il quitta après le 9 thermidor pour reprendre celui de théâtre des Variétés (1795).

LE FOYER

(de 1795 à 1806)

Ce théâtre faisait alors fureur et son foyer devint aussi européen que le Palais-Royal lui-même, dont, à tout prendre, il eût pu passer pour le boudoir. — Ce foyer devenu historique fut pendant dix ans le rendez-vous de ce que Paris avait de plus gai et de plus spirituel.

Toutes les classes de la société avaient des places assignées à ce théâtre ; il y en avait même quelques-unes de réservées pour les femmes *honnêtes ;* toutes les autres étaient occupées par d'autres femmes, obligées, par état, d'êtres jeunes et jolies. Les entr'actes étaient le moment brillant de la soirée ; alors se répandait dans le foyer du public une nuée de jeunes femmes éblouissantes de parure et de beauté ; il y en avait de quoi peupler tous les harems de l'Asie et de l'Afrique. Le temps du Directoire fut une époque d'orgie et de saturnales et le foyer Montansier y occupa une grande place ; la société n'était pas encore réformée, on cherchait surtout des réunions de plaisir, on se montrait peu difficile sur la qualité. Il n'était pas rare de trouver au théâtre Montansier les femmes de la plus haute distinction dans les loges honnêtes, et des jeunes gens de la meilleure tenue dans le foyer, disputant aux jeunes officiers des armées de la République les regards et les faveurs des belles habituées de ce foyer.

Tout dans ces réunions servait de prétexte à la gaieté et au plaisir ; tout devenait spectacle, jusqu'à la tribune en forme de galerie qui dominait le foyer fréquenté, nous le répétons, par les plus jolies femmes de Paris. On était même allé jusqu'à donner à l'une d'elles le nom d'un quai de Paris, nom un peu trivial, mais qui exprimait spirituellement l'opinion qu'on avait sur la femme.

Dans ce foyer des Variétés on vit se réunir successivement, depuis 1795 jusqu'en 1806, toute la jeunesse littéraire du Directoire et de l'Empire, composée de tout ce que Paris renfermait alors de jeunes gens pleins de verve, d'esprit, de talent et d'avenir. C'était l'arsenal d'où sortaient les traits décochés au gouvernement directorial. Les rédacteurs des petites feuilles légères, les plus hostiles au pouvoir d'alors, en étaient les habitués.

Les vaudevillistes sont, par nature, de l'opposition. Les pièces de circonstance étaient la critique la plus mordante des événements et des hommes les plus haut placés. Elles ne devinrent louangeuses que sous Bonaparte. On avait loué le général par admiration, on loua le consul par reconnaissance et l'empereur par intérêt.

En 1798, *Brunet*, qui venait de quitter la salle de la Cité, débuta au théâtre de la Montansier, et c'est de son entrée que date la grande vogue dont ce théâtre a joui pendant si longtemps.

En 1801, *Tiercelin*, sortant du théâtre des Troubadours, entra aux Variétés-Montansier. Il y partagea les succès de Brunet, avec lequel il fut associé dans presque toutes les pièces bouffonnes qui eurent alors la grande vogue. Tiercelin excellait dans les rôles populaires; Brunet, on le sait, était un type de naïveté niaise et d'aimable simplicité. Il y avait encore Bosquier-Gavaudan, Dubois, Cazot, Vauxdoré Aubertin, Joly Lefebvre, Crêtu, César, Amiel, Frédérick (qui a créé le remouleur et la meunière, avec Mme Mengozzi), Duval (qui a donné son nom à son emploi) et les dames Granger, Elomire, Flore, Drouville, Caroline et Barroyer. La troupe était charmante et les spectacles des plus amusants. Sitôt une pièce finie on se rendait au foyer du public où deux hommes de lettres bien connus pour leur esprit subtil, MM. *Gosse et Martainville*, étaient deux charmants conteurs de nouvelles, et tous les soirs au foyer de la Montansier, c'était à qui trouverait une place auprès des infatigables narrateurs. Gosse, surtout, inventait des histoires qu'il racontait à ces dames pour charmer les entr'actes, et, selon que ça lui plaisait, il les faisait pleurer ou rire. Il débitait toutes ses légendes avec un sérieux de glace; personne ne mentait (aujourd'hui on dirait blaguait) avec plus de conviction que Gosse. De là est venu le mot « *conter des Gosses.* » Enfin, grâce au dévouement de Gosse et de Martainville, chaque soir un nouvel épisode arrivait à point pour soutenir la joie intarissable des amateurs.

Tantôt c'était la publication d'un nouvel

ana sorti de la boutique de l'éditeur Barba, tantôt une nouvelle farce de Brunet ou de Tiercelin, qui faisait fortune dans Paris, ou bien un bon tour joué au commissaire de police *Robillard*, que ses soixante ans, sa corpulence, sa coiffure de 87 et ses larges boucles d'argent ne mettaient pas à l'abri des mystificateurs ou des espiégleries de quelques-unes de ses administrées. Jamais un théâtre n'a joui d'une vogue aussi constante, aussi complète, aussi européenne que le théâtre Montansier. Pendant douze ans il a enlevé les spectateurs aux grands théâtres de la capitale. Son prodigieux succès fut cause de sa ruine. Il excita contre lui une telle jalousie, qu'il dut fermer ses portes.

MM. Francis et Moreau faisaient jouer alors au théâtre Montansier *les Chevilles de maître Adam*. Ce vaudeville fit révolution, on ne voulait plus d'autre genre. Brunet voulut jouer quelques jours après une pièce intitulée : *Sauvageon ou le jeune Iroquois*, mais une cabale épouvantable l'accueillit, lui et la pièce. — Sifflets, cris, hurlements, banquettes cassées et trognons de pommes sur la scène, rien ne manqua ; on dut faire évacuer la salle. — Enfin, à la suite de cette cabale, allumée sans nul doute par la jalousie des autres théâtres, on fit tant et si bien que l'empereur rendit un décret qui obligeait les directeurs des Variétés à quitter la salle du Palais-Royal, le 1ᵉʳ janvier 1807.

Le projet de décret assignait comme nouveau local la salle de la Cité.—Mˡˡᵉ Montansier réclama, et elle obtint, pour elle et ses associés : Crétu, Foignet, César, Amiel, Simon (Brunet n'était pas encore associé), la permission de faire bâtir un théâtre sur le boulevard Montmartre. Il fallut donc quitter la salle des *Variétés-Montansier, palais du Tribunat.* Les adieux furent touchants, nous apprend M. Heuzey, de qui nous tenons toutes ces notes historiques. M. Heuzey travaille depuis vingt années à une histoire universelle des théâtres qui fera le plus grand honneur à son auteur. Tous les acteurs vinrent après la dernière pièce du spectacle, le 31 décembre 1806, chanter chacun un couplet dans le costume du rôle où il avait le plus brillé. — Voici celui que chanta Brunet, dans son costume de *M. Vautour* :

> A la Cité, de mon tabac
> Je vais transporter l'entreprise,
> J'aurai toujours du Macoubac
> Pour moi, n'allez pas lâcher prise !

Dubois chanta cet autre :

> Maître Adam, vous quitte aujourd'hui,
> Adieu saillie et gaieté franche,
> Si vous ne changez pas pour lui,
> Il n'aura que changé de planche.

Bosquier chantait, personnifiant *Valogne*, du *Diable couleur de rose :*

> Vers la Cité, de quelques pas
> Faites pour moi le sacrifice,
> Comme Normand, d'avance, hélas?
> Je crains le Palais-de-Justice!

Après chaque couplet, tous les acteurs entonnaient en chœur :

> Vous qui chaque soir à nos yeux
> Depuis dix ans, veniez sourire,
> Daignez recevoir nos adieux,
> En partant notre joie expire!

Les couplets d'adieu firent couler des larmes, d'abord parce que tous les comédiens étaient aimés du public, ensuite parce qu'ils étaient victimes de la jalousie.

Le théâtre de la Cité avait déjà quinze ans d'existence quand la troupe *Montansier* vint y jouer. La salle, qui était une des plus vastes de Paris, avait été construite en 1791 par l'architecte Lenoir et ouverte au public le 20 octobre 1792. — Les funambules *Revel et Forioso* venaient de quitter le théâtre de la Cité quand nos exilés arrivèrent avec leur répertoire, fameux entre tous.

Le public accueillit bien la nouvelle troupe, mais il était peu nombreux. Le quartier de la Cité n'était pas aussi favorable aux artistes que celui du Palais-Royal : on avait pourtant affiché au Palais-Royal l'annonce que voici :

PALAIS DU TRIBUNAT

« Un décret impérial du mois de juin dernier ayant ordonné à l'administration du théâtre des Variétés-Montansier de quitter ce local au 1er janvier 1807, la direction fait construire une salle dans le jardin des Panoramas, boulevard Montmartre. Cette salle ne sera achevée qu'à Pâques prochain, et les acteurs, pendant cet intervalle, occupent la salle de la Cité. »

Mais toutes les réclames étaient impuissantes contre le déplacement; on allait interrompre les représentations, quand MM. *Sewrin et Chazet* donnèrent *la Famille des Innocents;* ce vaudeville joué par Brunet, Joly Vaudoré, Dubois, Mmes Caroline, Cuisot, Drouville et Barroyer, obtint un succès prodigieux et permit d'attendre l'ouverture de la salle des Panoramas, boulevard Montmartre.

Le terrain occupé par le (nouveau) théâtre des Variétés faisait partie d'une campagne couverte de prés et de légumes. Par un arrêt du 9 avril 1685, Louis XIV fit enlever les terres et aplanir les buttes et continuer la plantation du cours ou boulevard, depuis la Bastille jusqu'à la porte Saint-Honoré. Une grande partie de terrain près de la porte Montmartre fut achetée en l'année 1704, afin d'élever une très-grande maison pour *Thomas Rivié*, secrétaire du roi, sur les dessins de *l'Assurance*, de l'Académie d'architecture. Cette maison jouissait d'une jolie vue sur la campagne et sur le cours. Elle fut occupée successivement par Nicolas Desmaretz, contrôleur général des finances, par le duc de Montmorency, maréchal de Luxembourg (troisième fils du grand maréchal), par Angélique de Neufville-Villeroi, duchesse de Luxembourg ; enfin, cette vaste propriété fut vendue à M. Thayer. — En 1800, on ouvrit le principal passage qui communique de la rue Saint-Marc au boulevard. Ce passage doit son nom à deux grosses rotondes, entre lesquelles il se trouvait. Ces rotondes, appelées *Panoramas*, y furent établies en 1800. — Construite sur les dessins de *Celerier*, architecte, la salle des Panoramas fut heureusement terminée. L'inauguration eut lieu le mercredi 24 juin 1807 par un prologue de MM. Désaugiers, Francis et Moreau, intitulé : *le Panorama de Momus*, dont le succès fut des plus brillants.

Le cadre de ce tableau a été fort ingénieusement inventé pour prévenir le public du genre adopté par l'administration et lui présenter en même temps tous les acteurs dans les pièces où ils ont eu le plus de succès et une scène dont le sujet était fourni par chacune de ces pièces. — Vingt couplets au moins de ce prologue ont été bissés. — Le succès du *Panorama de Momus* fut immense et la vogue qui s'était attachée aux Variétés du Palais-Royal resta fidèle aux Variétés du boulevard Montmartre. L'année 1807 envoya un renfort de deux jeunes comédiens pleins d'avenir. C'était *Vernet* et *Odry*; ils ne jouaient encore que des petits rôles, mais les auteurs travaillèrent pour eux et en firent des sujets précieux.— Mlles Pauline, et Aldegonde entrèrent aux Variétés en 1808. Cette même année le public fut privé de Tiercelin, un de ses enfants chéris, et de la charmante Caroline qui avait une voix ravissante (M. de Ségur avait fait pour elle et Brunet une pièce intitulée : *Brunet et Caroline*). C'est à tort que l'on place l'entrée de Brunet comme associé aux Variétés avant l'année 1807, car c'est à cette époque que, conseillé par plusieurs personnes, il menaça de quitter le théâtre et de porter ses talents au Vaudeville de la rue de Chartres, si l'on refusait de l'admettre pour un cinquième dans l'administration. Ses amis lui répétaient souvent : « Vous êtes adoré du public; profitez de l'influence que vous exercez sur la recette pour faire cette réclamation. »

Brunet fit violence à son caractère timide, et, après quelques débats, on acquiesça à sa demande et notre charmant comique fit partie de l'administration. Sa réputation toujours croissante faisait courir tout Paris. On ne disait pas : — Allons aux Variétés; on disait : — Allons chez Brunet.

Brunet, qui était alors directeur et administrateur, déployant une activité sans égale, suffisait à toutes les exigences du théâtre, sans négliger ses rôles, et jouait souvent deux et trois pièces dans une soirée.

Dans une tournée qu'il fit en province, il joua avec Potier qui était alors au théâtre de Bordeaux. Brunet, loin d'être jaloux, engagea Potier, qui vint, en 1809, renforcer la troupe des Variétés qui, déjà, était la plus forte de Paris.

Paris n'aime pas les réputations que la province lui expédie toutes faites; aussi le public n'accepta-t-il pas Potier tout d'abord; il alla même jusqu'à le siffler; mais, au bout d'un an, le grand, l'inimitable acteur était enfin apprécié et faisait les délices de la capitale.

Tiercelin, qui était absent des Variétés en 1808, rentra en 1809; la même année, la fameuse Mme Vautrin et Mlle Julie Perset débutèrent au théâtre des Panoramas.

Après Potier, Lepeintre aîné se fit remarquer comme comédien de grand talent; Lepeintre, la providence du vaudeville militaire, puis Legrand, jouant les suffisants avec une impertinence grave et comique tout à la fois ; à côté d'Odry, ce balourd si drôle, si amusant, si bête, on commençait à remarquer Arnal, qui créait des bouts de rôles, entre autres un greffier de la *Carte à payer*.

Une pièce de MM. Scribe et Dupin, intitulée : *le Combat des Montagnes,* devint aux Variétés la cause d'un grand scandale ; dans ce vaudeville, qui passait en revue tous les ridicules du jour, il avait introduit un jeune commis-marchand, sous le nom de *M. Calicot*, lequel portait éperons et moustaches, car alors beaucoup de très-pacifiques citadins, voulant se donner des airs de mal-contents, se laissaient pousser d'affreuses moustaches et faisaient sonner sur le pavé les talons de leurs bottes éperonnées avec un épouvantable fracas. — Comme la paix était faite, chacun voulait passer pour ancien militaire et tout le monde voulait avoir été *gelé à Moscou*. Une centaine de commis-marchands se crurent offensés dans le personnage de M. Calicot. Une cabale fut montée contre la pièce nouvelle, et, le dimanche suivant, elle croula au milieu des huées et des sifflets. On menaça même

Brunet de lui faire un mauvais parti, s'il remettait la pièce sur l'affiche.

L'autorité, ne voulant pas céder, ordonna que les représentations fussent continuées. M. Scribe improvisa un prologue très-piquant : *le Café des Variétés*, dans lequel Vernet remplissait le rôle d'un bossu d'une manière très-originale, ce qui doubla le succès, et, grâce au prologue, la pièce, qui n'aurait peut-être été jouée que quelquefois, tint l'affiche pendant deux mois consécutifs. Le nom de *calicot* devint proverbial, tout Paris chanta le couplet adressé aux commis-marchands qui portaient des éperons et des moustaches.

Air : *de la Sentinelle.*

Ah! croyez-moi, déposez sans regrets
Ces fers bruyants, ces appareils de guerre,
Et des amours, sous vos pas indiscrets,
N'effrayez plus les cohortes légères.
Si des beautés dont vous causez les pleurs
Nulle à vos yeux ne se dérobe,
Contentez-vous, heureux vainqueur,
De déchirer leurs tendres cœurs.
Mais ne déchirez pas... leur robe !

Après la société Brunet, Crétu, etc., etc., la direction du théâtre passa aux mains de MM. Achille et Armand Dartois, lesquels eurent pour successeurs Dumanoir, puis Bayard (tous vaudevillistes).

Sous ces différentes directions, Vernet

et Odry, dont le succès allait grandissant après chaque création, remplacèrent peu à peu les vieux comédiens Brunet, Potier, Lefebvre, Tiercelin, etc., etc., qui quittèrent successivement le théâtre, soit pour se retirer tout à fait, soit pour jouer sur d'autres scènes parisiennes.

A ces noms de Vernet et Odry vinrent s'ajouter des noms nouveaux : Daudel, Bressant, Hyacinthe, Gabriel, Prosper Gothi, Adrien, Rouget, Brindeau, Hippolyte Tisserant, Alex Michel, Dubourjal, Kime (aujourd'hui au Théâtre-Français, qui était alors aux Variétés sous le nom d'Alphonse). A cette époque aussi débuta un artiste devenu presque célèbre aux Folies-Dramatiques, Dumoulin, Mmes Jenny-Colon, Flore, Pauline, Pougaud, etc., etc.

Sous la direction Dartois, Frédérick Lemaître vint passer quelques années aux Variétés, en compagnie d'Atala Beauchêne et y créa *le Marquis de Brunoy*, *Kean* et *le Barbier du Roi d'Aragon*. Deux autres artistes du drame passèrent aussi par les Variétés : MM. Francisque aîné et Matis. A Bayard succédèrent, comme directeurs, Jouslin de la Salle et Leroy, puis Nestor Roqueplan qui opéra une véritable révolution dans le personnel, en prenant Lafont au Vaudeville, Déjazet au Palais-Royal, et Bouffé au Gymnase ; puis successivement venant de la province ou d'autres théâtres de Paris, Hoffmann, Ch. Perey, Neuville; Lepeintre aîné rentra aux Variétés aussi à cette époque, et Lepeintre jeune y débuta. Bressant et A. Michel engagés en Russie furent remplacés par MM. Cachardy et Paul Labat. Kopp débuta aussi aux Variétés en 1839. Les principaux emplois féminins étaient tenus par Mmes Paul-Ernest, Judith, Saint-Marc, Thuillier, Boisgontier, Alice, Ozy, Bressant, Thibaut, Valence, Maria Vollet, etc., etc. La propriété du théâtre passa des mains de M. Thayer dans celles de M. Bowes, un riche anglais. En 1846, M. Thibaudeau succéda à Roqueplan, et M. Morin à M. Thibaudeau un an ou quinze mois après. Nouvelle révolution dans le personnel, qui se trouva alors composé de Arnal, qu'on avait enlevé au Vaudeville, ainsi que Leclère et de Numa qu'on avait pris au Gymnase, puis Lassagne aux Folies-Dramatiques; Vernet et Odry quittaient définitivement le théâtre, ainsi que Bouffé, Déjazet et Lafont.

A M. Morin succéda M. Carpier, qui prit la direction en 1850 et fit de grands changements dans la salle. Le personnel de M. Carpier se composait de Arnal, Numa, Leclère, Lassagne, Ch. Perey, Kopp, Danterny, Paul Devaux, Deshayes, Henry-Alix, Mutin; Mmes Page, Boisgonthier, Alice Ozy, Constance Max-Deshayes, Scrivaneck, Bressant, Jenot, etc., etc. M. Carpier fut remplacé par une gérance pour le compte du propriétaire, M. Bowes. Les deux gérants étaient MM. Laurencin et Zacheroni.

Enfin, le 7 juin 1855, M. Hip. Cogniard prit la direction qu'il ne quitta que le 1ᵉʳ juillet 1869. Il fut remplacé par M. Bertrand, le directeur actuel.

Le personnel de M. Cogniard fut à peu près le même que celui de la direction Carpier; quelques-uns moururent, d'autres quittèrent, et c'est pour combler les vides que M. Cogniard engagea successivement Levassor, qui avait déjà appartenu aux Variétés en 1844. Il réengagea également pour un certain temps Bouffé et Déjazet, puis les engagements nouveaux de ceux qui devinrent plus tard les chefs d'emplois : MM. Dupuis, Grenier, Ambroise, Christian, Hittemans, Baron; Mᵐᵉˢ Schneider, Alphonsine, etc., etc. Depuis 1856, c'est M. Chabrier qui est propriétaire de la salle. Le personnel se trouve composé aujourd'hui de :

M. EUGÈNE BERTRAND

(Directeur)

Elève du Conservatoire (classe de Provost) joua la comédie pendant longtemps au théâtre des jeunes artistes, rue de la Tour-d'Auvergne, puis à l'Odéon. Parti en Amérique en 1859, il y séjourna six ans, comme artiste, et y devint directeur. A son retour, il fut engagé à Bruxelles, au théâtre du Parc, puis à Lille. Il devint directeur des deux théâtres de cette ville, qu'il quitta au mois de juin 1869, pour venir prendre le sceptre du théâtre des Variétés, à Paris, au mois d'août suivant. M. Cogniard ne pouvait désirer un successeur plus habile ni plus sympathique. Entre les mains de M. Bertrand, la caisse des Variétés finira par devenir trop petite.

M. ROUSSEAUX

(Administrateur général)

M. Eugène Rousseaux, après avoir joué pendant quelque temps la comédie et avoir administré une troupe nomade composée d'éléments parisiens, entra au Vaudeville en 1849 comme secrétaire régisseur, devint régisseur général en 1852, puis quitta le Vaudeville en 1854 pour diriger divers théâtres de la banlieue avec M. Paul Ernest, l'ancien directeur du Vaudeville. Au mois de juin 1855 il entrait aux Variétés, il fit une absence de deux années pendant l'association Cogniard et J. Noriac; durant cette absence il dirigea une troupe d'artistes parisiens en Allemagne pendant neuf mois, en passa quinze au théâtre de la Gaité comme régisseur général, sous la direction de son ami Dumaine, et rentra aux Variétés au commencement de 1867, comme directeur de la scène. M. Bertrand aurait le malheur de perdre son bras droit, qu'il s'apercevrait à peine de la disparition de ce membre précieux... M. Rousseau le remplacerait immédiatement... M. Bertrand ne pouvait mieux se choisir un autre lui-même.

MARIUS

(2ᵉ régisseur)

Ancien artiste des théâtres de la province et de l'étranger, a fait florès, notamment à Bruxelles. Est entré aux Variétés en 1871, comme second régisseur, et l'on peut dire qu'il remplit ce modeste emploi à la satisfaction générale.

HENRI BOCAGE

(Secrétaire général)

Démissionnaire depuis deux ou trois

mois seulement, est le fils du célèbre comédien Bocage. Entra aux Variétés comme secrétaire après avoir fait représenter à ce théâtre quelques petits actes bien accueillis. Profita pendant longtemps de la léthargie de la commission des auteurs pour faire représenter, quoique étant secrétaire :

Le Ver rongeur, 3 actes, avec Jules Moinaux, *le Coupé du docteur*, 1 acte, avec Victor Bernard, et *le Tour du Cadran*, 5 actes, avec Hector Crémieux et Blum.

Beau garçon, porte un pince-nez, des favoris côtelettes, et professe un véritable culte pour les jolies actrices qui ne peuvent l'aborder sans lui chanter la vieille romance :

« *Bocage* que l'aurore
« Embellit de ses pleurs. »
etc., etc., etc.

M. CHAVANNE

(Administrateur et caissier)

Entra aux Variétés sous la direction de M. Cogniard.

M. Bertrand, succédant à M. Cogniard, fit venir le caissier de son prédécesseur dans son cabinet et lui tint à peu près ce langage : Je renoncerais plutôt aux Variétés que d'être obligé de vous remplacer ; veuillez donc continuer de repésenter ici l'honorabilité et la probité que reflète si bien votre bonne et joyeuse figure.

M. Chavannes, ému et flatté jusqu'aux oreilles, répondit en serrant convulsivement une petite clef de sûreté sur son cœur : « On n'aura la caisse des Variétés... qu'avec ma vie ! »

M. Chavannes est aussi estimé qu'il est aimable et... dodu. De plus, il parle le français le plus noble et le plus grammatical, bien que quelques mauvaises langues prétendent qu'il abuse du : *Chavannais*.

LE FOYER

(de 1815 à 1874)

Interrogez les contemporains, ils s'écrieront : « Oh ! les charmantes soirées ! Dans la salle, quelle foule ! sur la scène, que d'esprit; au foyer, que de bons mots, que de gaieté, que de bêtises. » Combien de personnages des plus huppés venaient s'y distraire des pompes et de la glorieuse comédie du jour. Le foyer des Variétés éclipsait ceux des *Français* et de *Feydeau*.

Au Théâtre-Français, il prenait tous ses vieux habitués, tous les débris les plus élégants et les plus musqués de la vieille société; à Feydeau, il enlevait pour le passe-temps de ses entr'actes la fleur du nouveau régime. Les vaillants colonels, les peintres en vogue, les compositeurs goûtés, les chanteurs en renom, les maîtres de la danse et les poëtes. Faut-il nommer à la hâte et pêle-mêle : Ségur, Carle Vernet, Lasalle, Picard, Esmenard, Garat, Vestris, Hoffmann, Méhul; on y a vu M. de Lauraguais, M. de Boufflers et Montrond, ce double de Talleyrand et d'Aigrefeuille, le roi des parasites, l'ami de l'archi-chancelier; on va même jusqu'à prétendre que la perruque de Cambacérès y parut une fois. Mais aussi quelle troupe réjouissante, hélas! et quel nécrologe! Vaudoré, Joly, Duval, Tiercelin et Brunet l'inimitable; tous comiques délicieux que devaient remplacer les Potier, Vernet, Legrand, Cazot, Bosquier, Odry, Grassot, aujourd'hui remplacés à leur tour par d'autres illustrations. Des curieux qui veulent tout savoir, même ce qui ne vaut pas la peine d'être su, vont s'enquérir peut-être des auteurs qui ont fait les délices de la scène et du foyer des Variétés. Pour cela, consultez les *Annales du Caveau;* le *Chansonnier des Grâces,* les *Dîners du Vaudeville.* Vous y trouvez les noms et les œuvres de ces auteurs. De même que la scène et les acteurs, le foyer du théâtre des Variétés a éprouvé des modifications et des métamorphoses. Son nom se retrouve à toutes les pages du livre de ses destinées. Succès, auteurs et acteurs! bon Dieu! avez-vous varié!

L'excellent Brunet aurait bien de la peine à reconnaître son monde et son foyer. D'abord on y a mis des bustes, on y a moulé en plâtre des gloires comiques. Brunet y retrouve son cher Potier sous un masque et dans un appareil qu'on a rendu (pourquoi?) le plus sérieux possible. C'est ici, du reste, que les biographies de ces gloires comiques, présentes encore à tant de mémoires, doivent trouver leur place.

BRUNET

Etait un comédien d'un naturel parfait; la niaiserie l'avait baptisé, le calembour l'avait adopté. Brunet avait une duplicité de finesse dont il cachait tous les avantages sous le masque de la naïveté. C'était sur la scène son principal mérite. Désaugiers, qui l'appréciait bien, en a tiré grand parti dans les rôles qu'il a composés pour lui. Dans sa vie particulière, il paraissait d'une ingénuité très-comique.

S'apercevant un jour par une preuve certaine qu'il éprouvait quelque échauffement, il dit à la bonne femme qui avait soin de sa loge :

« — Comment, madame Sagot, je suis échauffé et vous ne me le dites pas !... »

Un jeune homme vint lui demander une lecture pour la première pièce qu'il venait de faire.

« — Monsieur, lui dit Brunet, nous ne représentons jamais la première pièce d'un auteur que lorsqu'il en a déjà eu deux de jouées. »

Tous ses acteurs lui faisaient des tours indignes. Un soir, pendant qu'il était seul en scène, dans *l'Ours et le Pacha*, un figurant entre tenant une bougie allumée et s'écrie : « Seigneur, vous êtes charmant, et je vous apporte de la lumière. »

On doit s'imaginer les rires des spectateurs ; quant à Brunet, il s'était tellement fourvoyé, qu'il en eut la colique pendant vingt-quatre heures.

Néanmoins, il ne se fâchait point de ces plaisanteries et ne mettait personne à l'amende.

Après une carrière théâtrale prolongée jusqu'à plus de soixante-dix ans, Brunet se retira à Fontainebleau.

Là, quand il passait quelque troupe nomade, il courait lui offrir de jouer ses *Jocrisses*, et il était plus qu'octogénaire ! On pense bien qu'on refusait toujours ses services.

Comme il n'avait vécu que de calembours, Rochefort père, qui nous fournit ces détails, lui composa ce quatrain :

Sous une treille égayant ta vieillesse,
Mon cher Brunet, ton sort est encore beau,
Et, si chez toi vient frapper la tristesse,
Chasse-la... de Fontainebleau.

TIERCELIN

Tiercelin était un contraste parfaitement caractérisé avec Bosquier-Gavaudan ; autant celui-ci avait de distinction dans ses rôles, autant l'autre avait étudié la trivialité, les habitudes populaires ainsi que le langage des gens de la plus basse classe ; son attitude, ses manières s'en ressentaient. Avec une grosse cravate, de larges boucles d'oreilles, un bâton noueux à la main et un gros chien qui le suivait partout, il ne lui manquait qu'une carmagnole pour rappeler les coryphées de 93. Il était de ce temps-là et il en avait conservé le genre. C'était un homme à qui il

ne fallait pas marcher sur le pied, il passait pour jaloux, envieux des succès de ses camarades (les acteurs n'ont jamais changé !), et pourtant sa part était belle parmi eux. On lui faisait des rôles à sa taille, qu'il rendait admirablement. Il suffit de citer son savetier de *Préville et Taconnet*, où il était étourdissant de vérité.
— Il jouait les vieux portiers, les paysans, les forts de la Halle avec la même perfection. Si nos jolies gommeuses voyaient aujourd'hui Tiercelin dans un personnage d'ivrogne où il excellait, elles quitteraient leurs loges avec des attaques de nerfs. — Nos pères, eux, avaient le mauvais goût d'applaudir ces fidèles imitations de la nature et de tenir grand compte à celui qui savait si bien les reproduire.

POTIER

Lui, était la perfection même dans les petits ouvrages qu'il était chargé de faire valoir, car les pièces d'alors dépassaient rarement un acte, et les auteurs avaient grand besoin de la verve et de l'animation des acteurs pour en déterminer la réussite ; mais ces secours ne nous manquaient jamais, dit Rochefort père, dans ses Mémoires, car la troupe des Variétés était complète dans tous les genres. — Lorsque Potier quitta Bordeaux pour venir à Paris, ses débuts furent extrêmement obscurs ; d'un physique frêle, avec une voix presque éteinte, Brunet ne comprenait pas son originalité, et, après plusieurs répétitions d'un vieux vaudeville dans lequel il devait paraître, le directeur lui demandant s'il ne parlerait pas plus haut que cela :

« — Rassurez-vous, lui dit Potier, on m'entendra. »

Cette réponse parut si peu rassurante à Brunet qu'il alla dire à ses associés qu'ils étaient volés et que leur nouvel engagé ne vaudrait jamais rien.

Mais, ô surprise imprévue, dans un rôle plus que secondaire, celui d'un employé au télégraphe, Potier qui n'avait que trois scènes pour s'expliquer, produit un tel effet par la façon originale et nouvelle dont il est représenté, que tous les autres acteurs paraissent éteints à côté de lui. Le public applaudit, rit avec enthousiasme, le succès est enlevé, Potier redemandé ; Brunet et Tiercelin, qui comptaient sur une ovation, restent honteusement dans l'ombre.

A dater de ce jour, par des créations successives, Potier devint le premier comédien du théâtre des Variétés et peut-être de Paris.

Talma disait que le nom de Potier sur l'affiche représentait une recette de 1,000 écus. Il était peu communicatif; toutes ses pensées se bornaient à réfléchir à son art, pour lequel il avait un amour égal à celui que le public avait pour lui.

Par suite d'exigences relatives à ses intérêts, il quitta les Variétés pour aller à la Porte-Saint-Martin. Il y créa *les Petites Danaïdes*, un succès immense. — Plus tard, il parut au théâtre des Nouveautés (devenu le Vaudeville) et finit par se retirer tout à fait avec une fortune qui lui permit de devenir propriétaire.

Nous aurons l'occasion de parler de son fils, Charles Potier, qui, sans hériter de tout son talent, en révéla une grande partie, tant comme acteur que comme auteur, pendant sa longue carrière aux Variétés.

Vernet et Odry étaient ignorés, quand Brunet et Potier disparurent de la scène.

VERNET

Se fit une place très-rétribuée au théâtre. Il était comédien correct plutôt qu'excentrique; il jouait tout très-bien, mais jamais mieux; malgré ses qualités réelles, il faisait rarement recette. Il était gai, mais sans esprit, et n'avait pas de chaleur; la goutte dont il est mort le força de prendre sa retraite alors qu'il n'avait pas encore usé toute sa jeunesse.

ODRY

Etait-ce un acteur ou le pître d'un saltimbanque, né pour improviser des parades de foire. Fertile en mots impossibles, inouïs, qui touchaient au crétinisme par leur absurdité, et qui pourtant, disons-le, ne pouvaient éclore que dans le cerveau d'un homme intelligent qui, pour faire rire à tout prix, s'amusait à franchir toutes les limites du bon sens. Sa laideur, augmentée d'un nez retroussé, dit Rochefort, faisait grande envie à Bouffé, qui disait qu'Odry n'avait qu'à paraître pour semer partout la gaieté, tandis que lui, avec son nez aquilin, était forcé de devenir sérieux.

Quand une situation se présentait dans une pièce, Odry ne la voyait pas, il sautait dedans à pieds joints, en dérangeant toute la combinaison de l'auteur; mais il se présentait avec audace devant le public, lui improvisait une folie imprévue, et cela lui suffisait. On riait de lui, plutôt que de l'ouvrage.

Son meilleur rôle, celui qui, sans contredit, restera toujours attaché à son nom, était celui de *Bilboquet* dans *les Saltimbanques*. Il savait parfaitement habiller les personnages qu'il représentait, et, somme toute, c'était un farceur qui paraissait fort drôle aux gens communs.

Si vous lui disiez : « — Odry, comment vous portez-vous ? » Il répondait: « —Est-ce que je sais... puisque Brunet ne veut pas. — Il ne veut pas quoi?... — Justement, je pense comme vous. » Comprenait qui pouvait ces insanités.

Dans une pièce où on lui révélait un grand secret, il s'écriait avec surprise : « Où suis-je!... Que dit-on chez l'épicier?.. Quelle heure est-il? » — Et le public de se tordre.

Autres temps, autres mœurs ! mais continuons :

*
* *

Pauvre foyer, que tu es changé! Les Arnault, les Lemercier, les Etienne, les Legouvé, les Boufflers, les Désaugiers et les Picard de l'heure présente, toute la littérature du foyer, enfin, se résume dans les deux ou trois auteurs et compositeurs attitrés qui tiennent l'affiche pendant toute l'année avec l'opérette en vogue, et, encore, ne voit-on ces heureux mortels que très-rarement, vers la 50^(me), quand ils viennent réclamer leur prime au directeur ou lui proposer une nouvelle *machine* qui fera faire encore plus d'argent.

A notre humble avis, il est un portrait qui eût dû trouver sa place depuis longtemps dans ce foyer des auteurs illustres.

Ce portrait, c'est celui de Lambert Thiboust, qui peut passer à coup sûr pour un des plus fins représentants de la gaîté française et de l'observation parisienne.

L'éminent critique de *l'Opinion Nationale*, M. Paul Foucher, a bien résumé notre pensée à tous en disant, le 15 juillet 1867 : « Lambert-Thiboust est mort à quarante ans, l'éclat de riré encore aux lèvres, au moment où il venait de jeter à l'asphalte du boulevard son dernier bout de cigare et son dernier trait d'esprit. »

Les succès de cet auteur aux Variétés sont en effet les plus brillants qu'ait eus ce théâtre pendant ces quinze ou dix-huit dernières années.

Est-il nécessaire de retracer tout le répertoire de Lambert-Thiboust ?

Non, car l'espace nous manquerait, et de beaucoup. Contentons-nous d'évoquer : *les Poseurs*, ouvrage oublié mais très-remarquable. *L'Homme n'est pas parfait*, un petit chef-d'œuvre de drame populaire qu'il a signé seul, mais dont Théodore

Barrière a quelque droit à la paternité : « *Les Jocrisses de l'amour*, *les Diables roses*, voilà, j'en suis convaincu, écrivait-il à Paul Foucher, tout ce que je puis faire, et tout ce que je sais faire ; je suis, comme auteur dramatique, un parisien qui aime à rire et qui tâche de faire rire. »

Nul doute que M. Bertrand, qui lira notre opuscule, ne rende au regretté Lambert-Thiboust l'hommage posthume qui lui est dû par les Variétés dont il a été autant la vie que ce théâtre fut la sienne.

*
* *

Il y a quelque vingt ans, une chanson célèbre courut sur la bêtise des mères des dames des *Variétés*.

Mlle A***, s'étant écriée en bâillant au foyer : « Je vais me jeter dans les bras de *Morphée*.—Malheureuse ! s'écria sa mère, encore une nouvelle connaissance ! »

Les discours qu'on entend aujourd'hui au foyer des Variétés sont moins hasardés et ne compromettent personne. C'est ainsi que tout récemment la mère d'une autre actrice disait à un journaliste très-mûr, qui s'était avisé de critiquer le jeu de sa fille : « Je voudrais bien vous y voir, vous, à jouer les ingénues. »

Pendant nombre d'années, Gentil, le

collaborateur de Désaugiers, fréquenta le foyer des Variétés. — Il y paraissait à sept heures précises et n'en sortait qu'à minuit, à la fin du spectacle. Quand il entrait... tous les artistes se levaient par respect, et lui avançaient le vieux fauteuil dans lequel Vernet et Odry s'étaient assis tant de fois.

Aujourd'hui, ô profanation ! c'est le souffleur qui va faire son somme dans ce fauteuil pendant les entr'actes.

En résumé, actuellement, l'unique et le plus bel ornement du *Foyer des Variétés*, c'est sa troupe, l'une des plus justement réputées de Paris; et tu vas en juger, ami lecteur, car nous allons avoir l'honneur de te la présenter en... détail.

LESUEUR

Un grand artiste de la tête aux pieds.— Quel talent! quel modèle ! quel exemple pour messieurs les petits cabotins de la dernière heure !

Nous a-t-il fait assez rire! Nous a-t-il fait assez pleurer! — Lesueur, qui est le beau-frère de M. Montigny (il a épousé Anna Chéri) a fait ses premières armes aux théâtres de Saint-Marcel, du Panthéon, de la Gaîté et du Cirque; mais c'est au

Gymnase qu'il se montra inimitable et resta inimité : *le Gendre de M. Poirier, le Chapeau d'un Horloger, les Fous, la Partie de Piquet, Diane de Lys, le Fils de Famille, Don Quichotte, le Copiste, les Ganaches, Cendrillon, les Vieux Garçons, Nos bons Villageois, l'Héritage de M. Plumet*, sont autant de créations inséparables de son nom.

Lesueur a la réputation méritée de savoir se faire une tête comme pas un... Il la recommencera dix fois de suite s'il le faut, mais vous ne le verrez entrer en scène que grimé avec le plus grand art.

Lesueur a eu l'honneur de donner des leçons au prince de Metternich, un jour que celui-ci le fit mander pour lui apprendre à jouer un *Cosaque* chez Mme de Castellane (il y a dix-sept ans de cela !).

* * *

Lesueur possède avenue Trudaine un hôtel qu'il loue 6,000 francs, et une magnifique propriété à Bougival. C'est là que vous pourrez le voir, l'été, tirant par la bride deux petits ânes qu'il a achetés pour promener ses filles.— Je crois même que c'est lui qui a fabriqué la petite carriole à laquelle il attèle maître Aliboron.

Nombreux signes particuliers de Lesueur :

Il fume comme un Suisse, pêche comme un pingouin et tutoie tous les employés du chemin de fer de l'Ouest qui, à leur tour, l'appellent ma petite vieille et lui tapent sur le ventre.

Vous voyez ça d'ici?

Lesueur a des mises toutes particulières. C'est lui qui a inauguré cet hiver ces pardessus d'importation anglaise, que leur longueur démesurée et leur absence de taille font prendre pour des capotes d'hôpital.

Lesueur a contribué aussi aux succès de plusieurs féeries célèbres, notamment de *la Poule aux Œufs d'Or* et de *la Poudre de Perlinpinpin!*

Et cependant Lesueur compte une création néfaste... oh! mais là!... des plus néfastes, dans sa brillante carrière. J'ai nommé *le Peau-Rouge de Saint-Quentin*, cette bouffonnerie lugubre qui ne put être jouée que trois fois aux Variétés!

Lesueur, que Hoffmann semble avoir voulu dépeindre à chaque page de ses *Contes fantastiques*, a une prononciation qui a fait et fera de tous temps le bonheur des artistes imitateurs. Alexandre Michel, les frères Lyonnet, Guyon et un nouveau venu, Emile Plet, sont les meilleurs sosies de l'éminent artiste que nous sommes fiers de placer en tête de ces biographies.

Le père de Lesueur, un vieux et brave militaire retraité, était d'avis, comme tant de gens, que le théâtre est un lieu de perdition, et quand par hasard il entendait dire à côté de lui : *Le théâtre est l'école des mœurs*, il ajoutait à part lui : des *mauvaises mœurs*, et là-dessus il jurait comme tout bon vieux grognard.

Connaissant cette antipathie, le jeune Lesueur n'eut garde de dévoiler ses goûts, et lorsque son père, lui ayant reproché d'être paresseux *comme un comédien*, lui demanda ce qu'il voulait être, l'enfant qui avait son idée, répondit : *Papetier*.

Il entra donc chez un marchand de papier de la rue St-Denis, mais il eut bientôt assez de la papeterie et du papetier.

Ce que voyant, son père accéda *à ses vœux*, et le jeune Lesueur passa de la rue St-Denis... à la rue St-Honoré. Ce n'était que changer de supplice. Cependant il trouva dans sa nouvelle position un léger adoucissement dans la connaissance qu'il fit d'un jeune commis rivé à la même chaîne que lui, et qui, tout en découpant des bordures, lui parlait théâtre.

Ce jeune homme, qui était affilié à une *Société* qui montait des parties à la salle Chantereine, se chargea de piloter son collègue, et pour commencer il lui confia un rôle dans lequel Brindeau avait eu un grand succès. A la réunion suivante, la *Société* devait représenter le *Gamin de Paris*, tout le monde était à son poste; un seul manquait à l'appel, un jeune clerc d'huissier se voyait forcé au dernier moment de rendre son rôle de *Bizot*. Pour ne pas faire manquer la représentation, Lesueur apprit le rôle. — Il avait vu jouer la pièce au Gymnase, il se mit en devoir de copier Klein, celui dont le rôle l'avait le plus frappé.

Le voilà donc tout à fait lancé. Marchand de papier pendant le jour, et le soir artiste dramatique extra-muros.

Ce n'est qu'en 1842 que, prenant une détermination décisive, Lesueur consentit à accepter les offres qui lui furent faites par le directeur du théâtre Saint-Marcel, mais il ne se rendit qu'à la condition expresse de jouer sous le pseudonyme de *Francisque*. Il donna dès lors sa démission d'apprenti papetier et se plongea plus que jamais dans le théâtre. De Saint-Marcel, il passa au théâtre du Panthéon. M. Mayer, alors directeur de la Gaîté, lui fit franchir la Seine. Il joua pendant quatre ans à la Gaîté et passa au Cirque, où il joua *la Poule aux Œufs d'or*, et fit ressortir un petit rôle de garde champêtre dans *Murat*. Après des efforts surhumains, le directeur se vit forcé de fermer le théâtre. Lesueur reste sans place, ne se préoccupant que très-médiocrement de l'avenir, quand le hasard le mit en relation avec le directeur de la Porte-Saint-Martin. Sans même parler d'engagement il répéta *la Biche au Bois;* mais sa bonne étoile, sous la figure d'un ami, le conduisit au Gymnase auprès de M. Montigny, qui luttait avec énergie et courage contre le choléra, les émeutes et les épidémies révolutionnaires de toutes sortes. Lesueur y fut engagé immédiatement et y créa : *Mercadet, Un Soufflet n'est jamais perdu, Mariette, l'Echelle des femmes, le Fils de Famille, le Pressoir* qui lui valut un charmant article de Théophile Gauthier, et *Diane de Lys.* Deux ou trois ans après Lesueur demandait et obtenait la main de Mlle Anna Chéri, la sœur de Rose Chéri. L'union fait la force. Mme Chéri-Lesueur apporta dans la communauté une somme d'intelligence que les habitués du Gymnase ont pu apprécier.

CHRISTIAN

Christian eut un apprentissage rude et laborieux. Son père, nommé Perrin, était garçon de bureau à la Caisse d'Epargne. Il plaça son fils chez un menuisier, qui l'initia aux merveilles de la scie et du rabot pendant sept ans. Christian quitta le menuisier pour rentrer garçon de bureau, comme son père, à la Caisse d'Epargne. Il n'y resta que six mois. Le hasard l'ayant mis en rapport avec des comédiens, il n'eut ni repos ni trève qu'il n'ait essayé, lui aussi, de désopiler la rate de ses semblables. Il débuta à Argenteuil dans une troupe d'amateurs, composés d'ouvriers *fondeurs*, dans *Cœlina ou l'Enfant du Mystère*, Christian trouva moyen de représenter en même temps le traître Truguelin et le gendarme chargé de l'arrêter. Sous l'habit de Truguelin, il s'écriait : « Ciel! j'aperçois un gendarme, fuyons! » ce qu'il exécutait, puis il rentrait déguisé en gendarme en disant : « Grâce à Dieu, j'ai arrêté le scélérat! » C'est ainsi encore que dans le rôle de Buridan il s'écriait avec indignation, en apercevant un unique manant aux prises avec Philippe d'Aulnay : « Un manant contre un gentilhomme, un! contre un! c'est trop! Puis, aidé de Philippe d'Aulnay, il tombait à bras raccourcis sur le manant qui s'esquivait par la fenêtre. Quant aux costumes, il n'en faut pas parler.

A Dreux, dans la *Grâce de Dieu*, Christian, faute d'un habit de mousquetaire, joua Arthur de Livry en uniforme de garde national; à ce métier infernal, à défaut de la fortune le talent arrivait, un talent vrai, franc et original qui attira l'attention des directeurs. Christian entra aux Délassements-Comiques en avril 1847; toutefois, ce ne fut que l'année suivante, après la mort du malheureux et regretté Sévin, qu'il prit à ce théâtre la position que son talent lui assignait.

Claude le Ribotteur, Bamboche de *Polkette et Bamboche*, Annibal de *Sur la Gouttière*, et quelques heureuses créations dans des revues de fin d'année te firent remarquer de M. Mourier, qui lui offrit, au commencement de 1849, un engagement avantageux aux Folies-Dramatiques.

Christian débuta à ce théâtre avec un éclatant succès, dans le *Mobilier de Bamboche*, puis il créa avec bonheur plusieurs rôles de l'emploi des Achard, et joignit bientôt à cette spécialité celle des *grognards*.

C'est lui et Raynard qui ont été en partie cause du départ de Lassagne. Ce dernier ayant eu l'imprudence de dire au foyer des Variétés que son nom seul faisait recette, Christian et Raynard lui en conservèrent une inimitié qui se traduisit par la plus belle volée que *bois vert* eût jamais rêvée. Le pauvre Lassagne fut tellement affecté qu'à partir de ce jour ses facultés, déjà diminuées, s'affaiblirent de plus en plus jusqu'au jour où, dans *Madame Gibou et Madame Pochet*, entrant par la fenêtre au lieu d'entrer par la porte, on fut obligé de l'interner dans une maison de santé, où il ne cessa de répéter jusqu'à sa mort : « C'est égal, je faisais plus d'argent qu'eux. » Après nous être fait le procureur général, faisons-nous, pour être juste, l'avocat de MM. Christian et Raynard, et reconnaissons que l'absinthe a été pour beaucoup plus encore dans la perte des facultés intellectuelles du regretté Lassagne.

Est-il besoin de dire que Christian est un excellent acteur? Non, tout le monde le sait, et depuis fort longtemps. Dernièrement, Christian a voulu tâter du drame et s'y est brûlé les ailes, à la Gaîté et à l'Odéon. Sa diction, son ton brusque et ses allures cavalières, le servent au mieux dans les types militaires. Aussi lui en a-t-on fait créer bon nombre. Christian a été une des étoiles des Folies-Dramatiques, c'est en quittant ce théâtre qu'il débuta, avec un grand succès, aux Variétés, en 1855, dans *Furnished Apartment, le Théâtre des Zouaves*. Mais ses grands triomphes sont : *Brouillés depuis Wagram, les Compagnons de la Truelle, l'Homme n'est pas parfait, Janot chez les sauvages, la Fille du Diable*, et le rôle du général

Boum, qu'il reprit dans *la Grande Duchesse*, à la mort de Couder. C'est encore Christian qui a repris tout nouvellement, dans *les Merveilleuses*, le rôle de l'agent de police, rôle enlevé sans motif, par l'auteur, au bout de trois représentations, à M. Lesueur.

Christian et Alexandre Michel sont les seuls boute-en-train du foyer; rien de plus divertissant que de les entendre se chamailler pour la politique. Tous deux sont conservateurs mais d'opinions bien différentes. En outre, Christian est d'une superstition dont rien n'approche. Exemple : Après une querelle qu'ils avaient eue ensemble, Alexandre Michel lui dit : « Tiens, va-t'en! je te donne ma malédiction. » Le lendemain, Christian, ayant eu un saignement de nez pendant la répétition, ne cessait de dire à tout le monde que cette hémorragie était l'effet de la malédiction d'Alexandre Michel. Signes particuliers qui feront reconnaître Christian partout où il jouera : Il inscrit les titres de ses créations à succès sur la porte de sa loge. — Aussi, la place commence-t-elle à manquer.

Ne se sert jamais de papier à lettre pour correspondre avec ses camarades de loge. Dès qu'il a quelque chose à leur dire, il leur écrit sur la glace avec le diamant de sa bague. Christian est la terreur des femmes, et particulièrement des *grues*. Il leur fait des plaisanteries qui tranchent toujours dans le vif.

Christian est propriétaire près de Chantilly et à Nogent-sur-Marne, à côté de Dupuis, dans l'île des Loups.

La propriété de Chantilly est la réalisation du rêve que Christian a fait toute sa vie : habiter un vieux manoir en ruines, avec des hibous et des revenants.

> Voyez là-haut ce beau domaine,
> Dont les créneaux touchent les cieux,
> Une invisible châtelaine
> Sonne du cor....

Nous avons pu admirer en détail ce pan de décor d'opéra-comique, cet antique manoir, qui aurait été, dit-on, habité par une marquise dont l'âme errante est visible tous les soirs, de minuit à deux heures du matin et qui murmure aux oreilles du châtelain Christian sur l'air de *la Dame Blanche :*

> « V'là la marquise qui te regarde ! »

P. S. — Christian vient d'être prêté par les Variétés au théâtre de la Gaîté, pour jouer le rôle de Jupiter, dans une éblouissante reprise d'*Orphée aux Enfers.*

Faudrait voir cependant à ne pas déménager tous les mois, M. Christian, ça gêne vos biographes et amis.

ALEXANDRE MICHEL

L'un des piliers des Variétés, et aussi l'un des acteurs qui ont le plus de raisons de maudire l'opérette, qui les oblige à se reposer pendant six mois de l'année. Alexandre Michel a fait autant de créations remarquables que Mlle G^{lle} G... a fait de passions malheureuses (additionnez et comparez !)

A Alexandre Michel le pompon pour les *imitations*.

C'est lui et Brasseur qui se sont mis les premiers à imiter sur la scène tous les acteurs de Paris ; mais Michel a encore cette supériorité sur Brasseur, c'est qu'il sait rester *lui* après ses différentes transformations.

Tout le monde sait qu'Alexandre Michel a joué pendant fort longtemps en Russie avec Bressant ; personne ne trouvera donc déplacée ici l'anecdote suivante, que nous garantissons inédite :

L'empereur Nicolas fit demander un jour Alexandre Michel au palais.

— Est-il vrai, M. Michel, qu'au milieu de toutes vos imitations vous vous plaisez à faire la mienne d'une façon remarquable?

— Michel s'excuse et finit par avouer qu'en effet, en petit comité, il avait eu l'audace d'essayer d'imiter l'empereur de toutes les Russies.

— Faites donc comme si vous étiez encore au milieu de vos camarades, lui dit le tzar.

Michel, encouragé par la bienveillance du souverain, ne se le fait pas répéter deux fois.

Imitant la marche, les gestes, l'allure et la voix de l'empereur, il se met à dire :

— Chambellan, faites compter immédiatement 500 roubles à M. Alexandre Michel, un des meilleurs artistes de mon théâtre !

Pas besoin d'ajouter que Nicolas, pris d'un fou rire, fit exécuter l'ordre donné par son sosie. Pas besoin d'ajouter non plus que, depuis cette époque, Michel est réputé le *roublard* des *roublards*.

C'est à Alexandre Michel que les frères Cogniard durent en grande partie l'acquisition du théâtre des Variétés. Car c'est Alexandre Michel qui amena à ce théâtre le fameux bailleur de fonds Duval.

Les frères Cogniard, reconnaissants, signèrent à Alexandre Michel un engagement de dix ans.

Alexandre Michel a un fils qui est élève de Bressant, et qui a l'honneur de jouer à côté de son éminent professeur.

Alexandre Michel, qui est un de nos plus charmants conteurs, fut longtemps le boute-en-train du foyer des Variétés..., alors qu'on se faisait un devoir d'égayer ce foyer.

Il n'y en a pas deux comme Michel pour faire les mystifications sans fin..., il rendrait des points à Romieu, si ce célèbre farceur était encore de ce monde. Alexandre Michel fut longtemps régisseur général à la Porte-Saint-Martin sous la direction Cournier. C'est à ce théâtre qu'il créa d'une façon fort remarquable *Pied-de-Fer*, un gros mélodrame dans lequel il chantait une ronde de *la Treille*, paroles et musique de sa composition. C'est au sujet de cette élucubration que Michel dit un soir à Gil-Perez : « Donne-moi bien la réplique pour ma ronde, j'ai dans la salle dix éditeurs *venus exprès* pour m'acheter mes vers et ma musique. Gil-Perez, qui était déjà à la Porte-Saint-Martin le spirituel farceur qu'il est resté aujourd'hui au Palais-Royal, jouait dans le susdit *Pied-de-Fer* un garde-chiourme. Or, au moment où Alexandre Michel allait ouvrir la bouche pour entonner sa fameuse ronde de *la Treille* devant les éditeurs *venus exprès*, que fait mon Gil-Perez? Il se jette sur Michel, le saisit au collet, et l'entraîne de force dans la coulisse en lui disant : « Un vol vient d'être commis dans ta chambrée, vous en êtes accusé, suivez-moi ! »

On juge de la tête que faisait Alexandre Michel qui, du reste, se vengea quelques jours après. Voici comment :

Au moment de jouer (toujours *Pied-de-Fer*), Michel pénétra dans la loge de Gil-Perez et lui cacha son costume de garde-chiourme. On devine le reste. Gil-Perez, pris à l'improviste, dut entrer en scène en caleçon, enveloppé dans un grand manteau de traître de mélodrame.

Mais cela n'était pas l'effet qu'attendait Michel. Aussi, que fit-il ? Il ouvrit violemment en scène le manteau de Gil-Perez, forçant ainsi son camarade à montrer son caleçon au public, malice à laquelle Gil-Perez répondit par cette répartie stupéfiante :

— « Vous savez bien que c'est l'heure où les forçats vont se baigner, et vous aurez deux jours de chaîne de plus pour n'être pas comme moi en caleçon... de bain. »

Outre de beaux appointements aux Variétés, Alexandre Michel touche la pension de Russie (2,400 fr.), ce qui lui permet d'habiter une jolie petite maison, 24, rue Boileau, à Auteuil, et de n'en être pas plus fier pour cela.

CHARLES BLONDELET

Homme à tout faire, et, en effet, il a tout fait... même le sauvage au café des aveugles. — C'est dans ce caboulot célèbre et disparu aujourd'hui, que notre artiste, le corps recouvert de plumes multicolores, battait la caisse sur une demi-douzaine de tambours alignés devant lui.

Blondelet débuta comme acteur au *Lazari*, théâtre où il avait entrepris le blanchissage et le repassage du linge de ses camarades... C'est lui-même qui savonnait les faux-cols et les chaussettes, et c'est sa femme qui les repassait. — Le bénéfice du blanchisseur, ajouté aux appointements de l'artiste dramatique (14 fr. par semaine, c'était le plus payé), commencèrent sa petite fortune. Ses relations avec la noblesse datent de cette époque. C'est au Lazari que la baronne de Palanque courut l'applaudir pour la première fois!

Du Lazari il passa aux Funambules, puis aux Délassements, où il joua dans nombre de revues à succès. — Après deux années de labeur aux Délassements, il entra aux Folies-Dramatiques, puis, suivant toujours sa marche progressive, fit son entrée aux Variétés dans de singulières circonstances. Il devait faire représenter aux Folies une pièce de lui intitulée : *Ohé! les P'tits Agneaux!*

Les frères Cogniard, trouvant ce titre plein d'à-propos pour la revue qu'ils allaient représenter, firent venir Blondelet et lui demandèrent à quelles conditions il céderait son titre : *Ohé! les P'tits Agneaux!*

Blondelet répondit : « Engagez-moi ; » et il le fut séance tenante.

Blondelet est devenu propriétaire, il y a quelques années, au moment de la fermeture des cimetières de la banlieue.

Tous ceux qui sont allés lui rendre visite dans le quartier du Père-Lachaise ont pu le prendre pour un marbrier. — En effet, Blondelet a fait bâtir une partie de sa maison avec un lot de pierres tumulaires qu'il aurait eu (le veinard!) pour presque rien. On m'a même certifié qu'on avait vu, au fond du jardin, dans un certain buen-retiro, cité souvent dans les couplets de Clairville, une espèce de petit trône formé d'une pierre circulaire portant cette épitaphe :

Ci-gît le général...

Le reste aurait, paraît-il, été enlevé par un trou de balle! Rappelons à ce sujet... funèbre que Blondelet met sur ses écriteaux de location : Bel appartement à louer, ayant vue sur un grand jardin, contenant de belles sculptures. Il va sans dire que ce jardin n'est autre que le *Père Lachaise*.

Blondelet, qui est très-joueur, fait sauter la banque au lansquenet.

Dans une soirée aux *Frères Provençaux*, il gagna 6,000 francs. Le bizarre est qu'à cette époque il ne voulait pas avoir l'air de gagner, et que, pour dissimuler son gain, il le fourrait dans une petite pochette en cuir qu'il avait fait coudre sous son gilet.

Enfin, le plus beau fleuron de la couronne artistique de Blondelet, c'est sans contredit son titre d'auteur de chansonnettes. Les quelques pièces qu'il a composées pour le Lazari et les Funambules, notamment : *Ah! il a des bottes, Bastien!* ne lui ont pas rapporté les droits d'auteur et la brillante renommée qu'il doit à ses élucubrations pour les cafés-concerts, en collaboration avec son inséparable Baumaine. — Ces messieurs ont, à l'heure présente, un répertoire de deux ou trois mille chansonnettes éditées, et dont les vignettes, je dois le reconnaître, font le plus bel ornement de la loge de Blondelet.

DUPUIS

Cet excellent artiste, qui n'a que le tort de mouvoir ses bras, comme les homards agitent leurs pattes, a fait des études musicales très-sérieuses.

Mais il fut sacré avant tout bon comédien, et ce titre n'est pas le moins flatteur. Il débuta à Bobino, puis fut engagé aux Folies-Nouvelles. — M. Cogniard, après l'avoir vu jouer à ce théâtre, dans une pièce intitulée : *Estelle et Némorin*, déclara que jamais, au grand jamais, Dupuis n'arriverait, et que lui Cogniard n'en voudrait pas pour 200 francs par mois. — Or, six mois après, Dupuis entrait aux Variétés sous la direction H^{te} Cogniard, avec 6,000 *francs* d'appointements. — Sa création de *Garat*, la pièce de Sardou, au théâtre Déjazet, l'avait mis immédiatement en vogue. Ses débuts aux Variétés eurent lieu dans *le Sylphe*.

Depuis cette époque, le succès de Dupuis ne fit, comme on dit, que croître et embellir. Nous n'avons qu'à citer au hasard : *Un Mari dans du coton*, *les deux*

Chiens de faïence, *l'Infortunée Caroline*, *le Chevreuil*, *la Belle Hélène*, *la Grande-Duchesse*, *Barbe-Bleue*, *les Brigands*, *la Périchole*, *le Trône d'Ecosse*, *la Veuve du Malabar*, *les Braconniers*, *les Sonnettes* et enfin *les Merveilleuses*.

Dupuis se trouverait bien malheureux (et il ne serait pas le seul!), si la plus belle moitié du genre humain disparaissait du globe.

. . . .

Il faut même qu'il ait une santé de fer pour ne pas perdre sa jolie voix à ce jeu-là !

Sont-ce les femmes qui sont cause qu'il arrive toujours en retard aux répétitions ?... D'aucuns disent que oui ! d'aucuns disent que non !

Dupuis, qui est très-économe, s'est acheté une propriété à Nogent-sur-Marne, dans l'île des Loups. — Mais il n'y va plus le dimanche, depuis qu'il a pour voisin de campagne son camarade Christian, dont les cris lui portent sur les nerfs.

Dupuis, qui a quarante-deux ou quarante-trois ans (ni plus, ni moins), est marié. Il a épousé Mme Dantès (rien de *Monte-Christo*), ex-artiste de l'ancien théâtre du Cirque, et il la rend heureuse !

Dupuis affectionne les bains de mer... Parions que nous le rencontrerons encore cet été sur la plage de *Grandville*.

J'allais oublier un détail qui a bien son importance pour mes confrères :

Le beau *Pâris* exècre *les journalistes.* Bien obligé, monsieur Dupuis.

LÉONCE

Fils d'auteur dramatique, a débuté au Vaudeville dans *les Trois Loges* et *l'Homme aux souris;* a repris *les Deux aveugles* aux Bouffes, et a fait à ce théâtre vingt créations au moins pour Offenbach; — la plus importante fut Pluton, dans *Orphée aux enfers.* Des Bouffes, Léonce passa à l'Athénée, où ses principales créations ont été le capitaine des tigres dans *Fleur de Thé, le Petit Poucet, Malborough s'en va t'en guerre, les Horreurs de la guerre,* etc. De l'Athénée il sauta aux Variétés pour créer, dans *la Cour du roi Pétaud,* le rôle qu'il répétait à l'Athénée lors de la déconfiture de M. Busnach. La pièce n'ayant pas eu de succès aux Variétés, on reprit *Fleur de Thé.* Léonce eut à créer ensuite Buckingham, dans *le Trône d'Ecosse,* le notaire, dans *les Brigands,* l'aide de camp dans *les Cent Vierges,* Majeinbo, dans *la Veuve du Malabar,* et, récemment, l'agent de police Tournesol, dans *les Merveilleuses*.

A voir Léonce dans la rue avec ses lunettes bleues (il est myope à confondre un manche à balai avec Sarah Bernhard) et sa cravate blanche, on le prend de suite pour un appariteur des pompes funèbres ou un huissier allant en soirée, mais jamais pour un comique.

Léonce fait le désespoir des auteurs qui n'aiment pas qu'on ajoute à leur prose. Si Léonce a trois cents lignes à dire, vous pouvez être sûr qu'il en débitera pour le moins cinq cents, et toujours sur ce ton d'abord aigu, puis mourant qui fait son originalité. Il ne lâche jamais un mot risqué, il le fait pressentir, voir, toucher, il le bredouillera même avec une foule de petites mines, il ne le dira pas de manière à être bien entendu. Léonce, lui aussi, croit au mauvais œil d'Offenbach, mais cela ne l'empêche pas de gratter du violoncelle avec presque autant de talent que cet illustre maëstro en pince.

Léonce et Désiré étaient des amis inséparables, on peut dire que pendant toute la durée de leur engagement aux Bouffes, il eût été difficile à ce théâtre d'engendrer la mélancolie.

Nous avons eu le rare bonheur de pouvoir apprécier cet excellent Léonce, comme garde national pendant le siége. Quel gaillard ! quel croquemitaine au rempart ! mais aussi quel homme frileux ! Nous l'avons vu, de nos yeux vu, creuser un trou dans la terre avec ses dents et ses ongles, et s'y fourrer... pour se garantir du froid... oh ! du froid seulement.

C'était vers la fin de l'empire. On allait jouer, dans un petit théâtre, une opérette superlativement fantaisiste, telle qu'on les aimait alors. Léonce y créait un des principaux rôles.

A l'une des dernières répétitions, il trouva une plaisanterie qui fit beaucoup rire : comme il venait d'allumer un cigare, il le mâchonnait pendant quelques secondes, essayait vainement d'en tirer une bouffée de fumée, puis le jetait avec fureur en s'écriant de cette voix toute spéciale qui amuse tant les uns et agace tant les autres :

— Oh ! la régie ! la régie !

Les cigares, à ce moment-là, étaient détestables. Il est vrai qu'ils ne sont pas meilleurs depuis, mais au moins ils sont plus chers.

La plaisanterie fit grand effet, et l'auteur l'en complimenta.

— Ah ! mais, lui répondit Léonce, je dis cela parce que c'est une répétition, seulement, vous comprenez que je ne me permettrais pas d'attaquer la régie en public.

— Pourquoi donc pas ? Tout le monde en rira.

— Non pas, non pas. La régie c'est l'administration, l'administration c'est le gouvernement... fichtre, pas de bêtises !

L'auteur insista et Léonce finit par céder ; seulement il obtint que tout au moins devant la censure, le soir de la répétition générale, il laisserait la régie tranquille.

— Voyez-vous, disait-il, ne donnons pas l'éveil.

Le jour de la première, l'auteur, dès qu'il eut aperçu Léonce, lui cria :

— La régie, n'oubliez pas la régie !

— C'est convenu.

Seulement, se tournant vers un de ses camarades :

— Je lui dis cela pour m'en débarrasser, fit l'acteur, mais vous comprenez bien que je ne risquerai pas ma liberté pour un mot comme celui-là.

La pièce se joua avec succès. Les deux premiers actes surtout marchèrent fort bien. Au commencement du troisième seulement, il y eut un léger froid, il se faisait tard, on avait assez ri ; bref, le public n'y était plus. Léonce sentait cela. C'était précisément le moment où il allait allumer son fameux cigare. Il comprenait que sa sortie pouvait ramener la bonne humeur dans la salle. Il y eut alors, pendant deux ou trois minutes, une lutte terrible dans le cerveau de cet homme. Puis tout à coup, prenant une grande résolution, il alluma, mâchonna, fuma et, fermant les yeux, énervé, et par cela même plus sérieusement et plus comiquement furieux, il lança son londrès au loin, en s'écriant :

— Oh ! la régie ! la régie !

Ce fut un fou rire.

Le lendemain, le directeur reçut une note du ministère, dans laquelle on le pria de supprimer le trait.

Léonce s'en effraya sérieusement. Le gouvernement a l'œil sur moi, pensa-t-il, qui sait si l'on ne prendra pas contre moi une de ces mesures violentes devant lesquelles ne reculent pas les tyrans. Et il se voyait arrêté, emprisonné, déporté, et il n'alluma plus de cigare sans se dire avec une certaine terreur :

— Si pourtant la régie voulait se venger !... Un empoisonnement lui serait si facile !...

Une autre qui nous est également racontée par le monsieur de l'orchestre du *Figaro* :

Pendant les émeutes du plébiscite, alors qu'on renversait les kiosques devant les Variétés, les camarades s'amusaient à entretenir ses terreurs pendant toute la soirée. Au moindre bruit insolite on lui disait :

— Voilà l'artillerie !

Puis, quelques instants après :

— On fait les trois sommations ! On va tirer !

Le pauvre Léonce pâlissait, et, quand il sortait du théâtre, il était tout étonné de voir qu'on prenait tranquillement des rafraîchissements à la porte des cafés.

Pendant un certain temps, Léonce eut la manie de se promener dans Paris dans une espèce de char-à-banc traîné par une haridelle, — ce char-à-banc venait l'attendre tous les soirs à la porte des Variétés pour le conduire à Belleville.

Il a renoncé à son attelage parce que sa myopie lui faisait accrocher toutes les voitures. En un mois, il n'eut pas moins de cent cinquante contraventions.

GRENIER

Dans un grenier qu'on est bien à vingt ans.
(BÉRANGER.)

Ancien premier prix du Conservatoire, élève de Samson. — Acteur modeste, ne parle jamais de lui et partage avec Hyacinthe du Palais-Royal l'honneur d'avoir un nez devenu populaire (nous reconnaissons cependant que le nez de Grenier danserait la cachutcha dans les narines de Hyacinthe). Grenier, après avoir débuté à l'Odéon, entra aux Variétés et y débuta du coup avec succès dans *M. Jules*.—Il se révéla dans Boireau de *l'Homme n'est pas parfait,* il fut un Calchas inimitable en char geant les poses antiques dans la *Belle Hélène. La Grande Duchesse* lui fut moins favorable ; on se rappelle qu'il s'y cassa la jambe en gambadant à la fin du second acte qui finissait par une partie de saute-mouton entreprise par tous les artistes, Schneider en tête.

Mais le rôle immortel de Grenier, son triomphe, la création enfin qui, selon lui, doit le porter à la postérité, c'est... *Rabagas!* ce célèbre personnage que Sardou a composé à son intention et qu'il lui a fait jouer *deux cents fois de suite* au Vaudeville, au grand plaisir des uns et à la grande colère des autres. (Tout ça c'est des affaires de politique, comme dirait Dupuis !)

Rabagas ayant vécu, Grenier fit sa rentrée aux Variétés, et joua successivement dans le *Tour du Cadran, les Braconniers,* dans la reprise de *la Vie parisienne,* et enfin dans le rôle de Saint-Amour (bien insignifiant !) dans *les Merveilleuses* de M. Sardou.

Grenier ne croit pas qu'un grand nez

détruise l'harmonie du visage. « Quand je joue, dit-il, il y a toujours trois ou quatre jolies femmes venues tout exprès pour m'applaudir. » — Ce n'est pas tout, dès que Grenier a fini il s'habille à la hâte et court s'installer au café pour recueillir les éloges qu'on ne peut manquer de faire sur son compte.

Grenier est joueur comme les cartes et a, entre autres ambitions, celle de ressusciter aux Variétés le célèbre banquet des Petits Agneaux.

C'est encore lui que ses camarades ont surnommé le *boulanger du théâtre*. Savez-vous pourquoi? Parce que Grenier ne cesse de répéter que c'est lui qui nourrit ses camarades, car sans son nom sur l'affiche, pas de recette aux Variétés. Avouez qu'on n'est pas plus modeste?

C'est Grenier qui a gagné l'année dernière le gros lot à la loterie, au bénéfice des orphelins de la guerre. Vous ne devineriez jamais quel était ce lot? Une superbe calèche, que Grenier revendit immédiatement 3,000 francs, après avoir versé 500 francs entre les mains de Mme la princesse Troubetskoï pour les orphelins de la guerre. — C'est d'un bon cœur, et l'on conçoit que Grenier soit un excellent fils, mais à sa place j'aurais gardé la calèche de la loterie... même sans cheval... j'y aurais attelé mes camarades. J'oubliais de vous dire que Grenier rendrait des points au dieu Pan pour les concertos de flûte qu'il exécute pendant les entr'actes dans sa loge.

Dernières nouvelles. — Ce comique *bien né* ne se contentant pas de gagner 1800 francs par mois et des feux aux Variétés, serait sur le point de signer un engagement avec Saint-Pétersbourg.

O Grenier! le public esclave
Mêle son bruyant rire au tien;
Quelle gaîté sonore et brave,
Du cœur-volcan, brûlante lave,
Ton accent canaille contient!
Saint-Victor t'a trouvé suave;
Tu plus à Janin, le Burgrave,
Dur Jouvin l'oserais-tu bien,
  Ogre, nier?
Ainsi, lorsque novembre encave
Le vin rouge et mâle soutien,
Les aïeux, quittant leur air grave,
Sont folâtres dans leur maintien;
La maison sourit de la cave
  Au grenier.

BERTHELIER

Fit partie du quatuor qui inaugura le genre opérette au petit théâtre des Champs-Élysées (qui devait devenir plus tard les Bouffes). Il y créa Girafier dans *les Deux Aveugles*. Puis passa des Champs-Élysées à la place Favart, où il ne brilla pas comme trial. Le Palais-Royal et les Bouffes ne firent pas non plus sa célébrité. Berthelier épousa Mlle Frasey, la charmante artiste rui créa *Peau-d'Ane* à la Gaîté. Mais Berthelier ne devait pas goûter longtemps les joies du mariage. Au bout de quelques mois, Mme Berthelier mourut de frayeur à la suite d'un incendie qui s'était déclaré dans une loge de son théâtre. Berthelier, tout à sa douleur, quitta le théâtre pendant plusieurs mois, puis y rentra par la porte des Variétés, où il débuta dans *l'Oiseau fait son nid*. Son succès y fut très-modéré. Il fut plus heureux dans *les Cent Vierges*, dans *la Veuve du Malabar*, et dans la récente reprise de *la Vie parisienne*, prouvant ainsi que le chanteur agréable l'emporte beaucoup sur le comédien. Berthelier ne songeait guère à briller au théâtre, alors qu'il était homme de confiance chez un anglais qui lui laissait conduire ses chevaux, qu'il conduisait d'ailleurs d'une façon remarquable.

Dix pages de ce petit volume ne suffiraient pas pour la liste des chansonnettes créées par Berthelier, et composées spécialement pour lui, par Gustave Nadaud, Edmond Lhuillier, Tréfeu, et tous les maîtres du genre.

Nous nous contenterons de rappeler : *le Baptême du p'tit ébéniste*, *les Plaisirs de la campagne, C'est ma Fille, Une drôle de Soirée, Un Monsieur agacé, l'Invalide à la tête de bois.*

Berthelier est le premier chanteur de chansonnettes comiques, c'est incontestable. Aussi ne donne-t-on pas une soirée dans la haute société, ou une représentation à bénéfice, sans que notre artiste n'y prête spontanément son concours. Le prête-t-il pour rien? je ne crois pas, car ce n'est pas en chantant à *l'œil* qu'il aurait pu collectionner les belles et solides maisons en pierres de taille qu'il possède sur les hauteurs de Montmartre, et dont il ne mangera pas le revenu, soyons-en sûr, car Berthelier est d'une économie... *Billionesque.*

Berthelier vous évite la peine et les frais d'un voyage à Marseille. Dites-lui bonjour, il vous répond, et son accent vous transporte immédiatement sur la *Cannebière...*, troun de l'air de bagasse.

P. S. Encore un artiste favorisé du petit Dieu malin. — Qui ne se souvient du bruit que fit sa liaison avec une diva célèbre entre toutes?????

BOUVENHÉ DIT BARON

Fils de Mlle Raucourt la comédienne.

Qui dit Baron, dit le carabinier... des

Brigands.—Qui dit le carabinier, dit Baron.

C'est un type excentrique fort récréatif à étudier. Quelles bonnes têtes il se fait pour jouer les vieilles ganaches ! Physiquement parlant, Baron est assez beau garçon (taille de tambour major), mais quel organe !!! Il a autant de trous dans la voix que Vavasseur en a sur la figure.

Il fallait l'entendre dire, dans *Toto chez Tata :* « Je les adore, ces crapauds-là. » On se tordait de rire chaque fois que le vieux *pion* répétait cette phrase. Baron avait du reste parfaitement composé ce rôle, qui n'avait pas plus de trente lignes, et que le dernier comparse eût assurément refusé comme indigne... de son talent !

Baron est marié et père de deux bébés qui, s'ils n'ont pas encore son organe, ont du moins son physique ; on n'est pas plus le portrait... de son père.

Baron habite Colombes, où il se livre à l'élevage des lapins et au dressage des pigeons. En somme, un excellent garçon et un acteur justement désolé qu'on ne lui confie que des rôles épisodiques, alors qu'il a pertinemment prouvé qu'il est capable de jouer au premier plan, il l'a prouvé dans le rôle du marquis, dans la *Petite Marquise*. Baron a voulu, lui aussi, faire de la *direction ;* mais il en a eu bien vite assez ; au bout de six mois, il colloquait le théâtre de la Tour-d'Auvergne à M. Charles Bridault, qui le dirige encore aujourd'hui, concurremment avec le théâtre Déjazet. Qui sait même s'il n'en dirigera pas trois l'année prochaine. « Quand on prend des théâtres, on n'en saurait trop prendre! » Baron s'est cru un moment *baron* pour tout de bon. J'ai sous les yeux une de ses cartes ainsi libellées :

Baron
de la Tour d'Auvergne

Il est cependant devenu un marquis fort drôle dans la *Petite Marquise*.

HITTEMANS

Un Belge... oh! mais là, Belge... à couper au couteau, ce n'est pas un premier prix du Conservatoire. Il a fait ses premières armes en plein air, sur les théâtres des saltimbanques. — Nous ne pouvons que complimenter le pître qui a sauté presque d'emblée des tréteaux de la foire sur les planches des Variétés.

Une reprise du *Chapeau de paille d'Italie*, et ses créations du *Tour du Cadran*, des *Cent Vierges*, et de *Qui veut voir la Lune?* (revue du théâtre du Château-d'Eau) ont puissamment contribué à le mettre en relief.

Avant son départ pour la Russie, Hittemans occupait aux Variétés la loge de Kopp, qui s'est suicidé il y a deux ans. Cette loge mérite une mention particulière. Elle a pour ameublement un grand fauteuil sexagénaire, deux petites planchettes pour supporter les ingrédients du maquillage, une vieille table et une grande armoire que Kopp avait appelée *le tombeau des secrets*. C'est en effet sur cette armoire que le regretté comique inscrivait, en regard de nombreuses initiales, les chiffres des sommes d'argent qu'il avait prêtées à ses camarades. — Hittemans, qui a le culte du souvenir, a bien fait de respecter les chiffres de l'armoire de Kopp-Pythagore.

Hittemans a la manie d'allonger le texte de ses rôles, et cela, dit-on, avec l'intention de couper les *effets* de ses camarades.

?????

Dire qu'il aurait pu jouer à l'Ambigu, dans *le Borgne*, et allonger la prose de M. *Loyau de Lascy* !!!

DANIEL BAC

L'inventeur des crayons gras pour le maquillage. — C'est donc cela qu'il se fait de si drôles de têtes !

Daniel Bac est un misanthrope qui met

des lunettes et qui voit clair. Nous ne supposons pas que c'est comme feu Arago... pour ne pas voir ses créanciers.

En somme, un acteur du troisième plan, mais un acteur consciencieux. — N'a pas passé, son bacc...à lauréat, mais est fier de passer dans la rue... du Bac; cependant n'en taille jamais... de bac, même après avoir fait bach...à nale dans les opéras d'Offen...bach.

VIDEIX

Le doyen et la tête de Turc des Variétés a eu son beau temps, mais n'a fait depuis plusieurs années qu'une seule création à son théâtre : le rôle du voisin qui dit trois mots dans *Madame attend Monsieur*, la spirituelle saynète de Meilhac et Halévy.

Videix n'a plus guère à attendre... que sa retraite. Il l'aura.

DELTOMBE

Eut pas mal de succès en province. Aux Variétés il est effacé, mais ça lui est égal, pourvu qu'il puisse inventer des appareils pour filtrer les eaux et faire du paysage, c'est tout ce qu'il demande. — Il a débuté aux Variétés dans *Brouillés depuis Wagram*.

Cet artiste est affligé de 7 à 800 fr. de rentes, et d'un nom, on peut le dire, à se faire porter en terre... Del*tombe*!

PAUL BOISSELOT

Fils de l'ancienne costumière en chef du théâtre de la Gaîté.

A fait ses premières armes comme artiste et comme auteur aux Folies-Dramatiques qu'il quitta pour aller se faire engager à Bruxelles, au théâtre des galeries Saint-Hubert.

Après un long séjour dans la capitale de la Belgique revint à Paris et entra comme secrétaire au Gymnase. Du Gymnase aux Variétés, il n'y a que cent pas; il les fit et entra au théâtre de M. Bertrand dont il est encore le pensionnaire.

Les succès de M. Paul Boisselot comme auteur valent la peine d'être mentionnés, car ils sont encore vivants dans le souvenir de tous.

Il a donné aux Folies-Dramatiques : *Un Bal à émotion, Trois Nourrissons en Carnaval, Sous le Paillasson, Monsieur J'Ordonne; Une Soirée agitée.*—Aux Bouffes-Parisiens : *Listchen et Fritzchen* et *Avant la Noce*.

Malheureusement toute médaille a son revers, et le revers de Paul Boisselot, c'est d'avoir fait jouer aux Folies-Bergères, avec H^{te} Nazet, une parodie de *la Visite de Noce*, sous ce titre noble et élevé : *la Visite de Gosse*.

COOPER

Répondez, jeune homme, pourquoi ce nom qui fait penser à *Fenimoore?* Sans doute parce que votre physique coopère à la présence du beau sexe dans les avant-scènes?

Cooper est un faible pastiche de Berton fils comme comédien, et une médiocre copie de Dupuis comme chanteur. Il vient de jouer dans *les Merveilleuses* le rôle abandonné par Priston.

Signes particuliers : a toujours la bouche ouverte ; attend peut-être que les petites cailles lui tombent toutes rôties.

LANJALLAIS

Dit le susceptible. Acteur modeste, n'a pas eu jusqu'à présent grande occasion de se montrer ; mais il est patient, et, comme dit le proverbe..., etc., etc...

MUSSAY (rien d'Alfred de)

Car Alfred amusait et celui-là ne fait pas

la même chose. Ex-pensionnaire du Théâtre-Déjazet. A doublé un instant bébé-Hamburger. Amène toujours un brelan aux cartes, aussi lui arrive-t-il fréquemment de se tromper en scène, et de dire par exemple : « *Je passe,* » au lieu de dire : « *Je vous aime!* »

Joue tous les rôles qu'on lui confie, et les joue tous de même.

TONY-RIOM

Seul et unique jeune premier des Variétés. Est passé par le Théâtre-Déjazet et l'Ambigu avant d'entrer boulevard Montmartre.

Les rôles les plus ingrats lui sont généralement octroyés avec une grande bonté et il les accepte et les joue sans sourciller.

Signes distinctifs : beau garçon, bien pommadé, habillé comme une gravure de mode, et jouant comme Desrieux, sans raser sa barbe.

En un mot, Tony-Riom est le *lion* des Variétés.

ROUX

Est arrivé de la Russie pour débuter

aux Variétés dans *les Cent Vierges* dans le rôle laissé vacant par la mort de Kopp. Depuis, il n'a joué que des bouts de rôles qu'un physique ingrat est loin de faire valoir.

COSTE

Artiste de province jouant les petites utilités aux Variétés. — Est d'une plus grande utilité comme second régisseur.

BORDIER

Un jeune Bellevillois qui joue assez naturellement les niais et les paysans, mais qui a trop d'admiration pour son camarade Blondelet.

Bordier tombe littéralement en extase devant les rimes de celui que ses contemporains ont surnommé : *le Béranger de la Belle-Jardinière*.

MONTI

Avec son petit chapeau bas à larges ailes a l'air d'un gros curé de campagne qui a jeté sa soutane aux orties. Brillait l'année dernière encore au théâtre national et non subventionné de la rue de la Fidélité.

Cumule : est marchand de couteaux passage des Panoramas et a été longtemps employé aux pompes funèbres !

De profundis!

HORTENSE-CATHERINE SCHNEIDER

C'est une bordelaise, et qui mieux est... la dernière grisette de Bordeaux. Elle était là, fleuriste, tailleuse ou lingère, on ne sait pas au juste...; mais ce qu'on peut certifier, c'est qu'elle n'avait pas sa pareille pour la façon délicieuse dont elle portait le madras rejeté sur l'épaule. Elle débuta au grand théâtre de Bordeaux à l'âge de six ans... à peine... Tout le pays s'extasiait devant sa chevelure plus blonde que la comète. En la voyant passer, chaque bordelais ne pouvait s'empêcher de dire : Ce n'est pas Schneider, c'est Cérès !.. Que ses tresses blondes doivent rendre jaloux... les rayons du soleil ! Mais laissons parler la Muse :

> Disparaissez tous, poëtes blondins,
>   Rimeurs d'élégies;
> O vous qui pondez vos vers citadins
>   Aux pleurs des bougies !

Car voici Schneider, la reine aux yeux bleus
    La sultane blonde,
Celle qui pourrait, avec ses cheveux,
    Mesurer le monde.

Bacchante lascive au regard vermeil,
    Divine inutile,
Plus dorée encore que le vieux soleil,
    Que tes vers, Banville.

De sa bouche rose, écrin merveilleux,
    De laiteuses perles ;
Envolez-vous donc, ô propos joyeux,
    O chanson des merles !

Grisez-vous d'air pur dans les cieux profonds,
    O moineaux d'Athènes,
Loin de l'angora, loin des parthénons,
    Misères humaines.

Allez saluer le nuage blond
    Qui vient de cent lieues.
Allez vous noyer au large horizon
    Dans les vapeurs bleues !

Elle en est venue, afin d'éclairer
    La fange où nous sommes,
Déesse au cœur d'or, daignant visiter
    Messeigneurs les hommes !

(Ces vers sont signés : VERMESCH !!!)

Le père de Schneider était tailleur..., Hortense travaillait dans la rue Sainte-Catherine, cette principale artère de la ville où foisonnent, où pullulent, où fourmillent, dit Monselet, les *manolas* girondines. C'est entre sept et huit heures du matin, et entre huit et neuf heures du soir, un va-et-vient perpétuel, un encombrement de minois en belle humeur; le pavé en semble obscurci comme un champ de blé par un essaim d'oiseaux.

Elles s'en vont ordinairement (c'est toujours Monselet qui parle) par bandes de quatre ou cinq, un panier au bras, renfermant les cerises et le *choine* (petit pain) du déjeuner et du goûter. Leur démarche a cette affectation de vivacité qui provoque à les suivre, et il règne dans leur manière de porter les coudes en dehors une sorte d'élégance la plus amusante à voir.

Rien ne saurait rendre surtout l'effet de leurs mouvements de tête brusques et gracieux. Les regards qu'elles lancent de droite et de gauche, fermes et arrêtés, pétillent d'une malignité fulminante. Que si vous voulez alors les connaître de plus près, hasardez-vous à accoster l'une d'elles et faites entendre à son oreille la musique du madrigal. Si elle ne vous répond pas dès le premier mot, ce qui est probable, soyez assuré qu'au troisième elle vous jettera quelque bonne réplique aux jambes, de cette réplique de comédie preste et audacieuse qui suppose l'accroche-cœur et le nez à la Roxelane. Leur esprit est mordant et accentué comme leur langage :

une pointe d'aiguille trempée dans l'eau de la Garonne.

Quant à leur moralité, elles en parlent beaucoup pour y faire croire un peu. En 1867, il y eut à Paris une exposition universelle mémorable, et les cinq parties du monde affluèrent au théâtre des Variétés pour y applaudir la Schneider.

Avec un pied-de-nez et un trémolo de hanches, la *Belle Hélène* aura plus fait que Vallès et Veuillot pour détrôner Homère, pour démolir Virgile, et pour forcer le vieil Olympe à enmagasiner ses dieux et ses déesses dans la poussière aux rebuts.....

Pour démoder le régime du sabre, le favoritisme et les gouvernements absolus — de l'Allemagne, — *la Grande Duchesse* aura plus fait avec un *tralala* que l'exposition, les journaux de gros calibre et la logique aiguë, brève et sifflante de M. Émile de Girardin... C'est après avoir vu jouer *Guido et Ginevra* que la petite Hortense, encore sous l'impression de la représentation de la veille, s'affubla d'une ample robe de chambre à ramages et se mit à chanter du matin au soir des bribes de l'opéra qui l'avait charmée.

Plus tard, son père l'emmena voir jouer *la Grâce de Dieu*. Une fois rentrée chez ses parents, la jeune Hortense se mit à répéter ce qu'elle avait retenu du rôle de

Pierrot, en s'accompagnant sur une mauvaise vielle qu'elle avait trouvée dans un grenier.

C'en était fait : sa vocation l'appelait au théâtre, elle en avait la tête tournée, jusqu'au point de menacer de se *tuer* si l'on voulait s'opposer à ses résolutions. A quinze ans, elle débutait à *l'Athénée* de Bordeaux, et s'y faisait applaudir dans *Michel et Christine*. Delmas, un artiste de province, dont la réputation eut de l'écho jusqu'à Paris, la remarqua un beau jour et l'emmena avec lui à Agen, où il conduisait une troupe d'opéra et de vaudeville. Elle débuta dans la patrie des *pruneaux* par les rôles d'Inès, de *la Favorite*, et de la blanchisseuse, du *Commis et la Grisette*, aux appointements de 90 fr. par mois *au prorata*. Qu'elle était naïve et timide alors!!!

Apprenant que Tisserant honorait de sa présence le théâtre d'Agen, l'émotion d'Hortense fut telle qu'à peine en scène elle perdit l'usage de la parole, et qu'on dut baisser le rideau.

L'enlèvement d'une actrice en renom lui permit de passer du second plan au premier. Elle resta trois ans dans le chef-lieu de Lot-et-Garonne, jouant tour-à-tour les naïves ingénues et les sémillants travestis, et cela, avec tant de succès, qu'elle finit par se décider à venir à Paris, où elle débuta... à l'Ecole lyrique, dans une représentation à bénéfice, dans laquelle on jouait *Michel et Christine*, son premier début dans l'art dramatique !

A l'issue de cette représentation, elle alla trouver M. Cogniard, directeur des Variétés, qui la refusa... très-poliment.

Fort heureusement que le maëstro Offenbach, à qui l'acteur Candeihl avait parlé d'elle, formait alors la troupe des Bouffes-Parisiens. Il écrivit à Schneider... et Schneider fut engagée *illico*.

Hortense fit immédiatement sensation dans *le Violoneux*, *Tromb-al-Cazar*, *les Pantins de Violette* et dans *la Rose de Saint-Flour*.

Dès ce moment, elle donna congé de son appartement de la rue Geoffroy-Marie, et ne reparut plus chez cet excellent Dinochau...

Que voulez-vous ?

La beauté et le talent attirent le luxe, et *l'amant* comme le nord attire *l'aimant*. Et les épigrammes d'aller leur train.

On lut dans un journal :

« Il faut aller en Périgord. »

. . . .
. . . .
. . . .

Et dans une brochure :

« Comme esprit, Mlle Schneider tombe sous le coup de la loi *Grammont*. Comme beauté, elle ne saurait guère être appré ciée de quiconque fait *cas des rousses*.

Pendant ce temps, Hortense passait des Bouffes aux Variétés.

M. Cogniard était alors revenu de ses préventions. Il fit débuter Schneider le 19 septembre 1856 dans *le Chien de garde*. Les couplets qu'elle chanta furent bissés.

Malgré ce premier succès, elle vit de suite que les Variétés ne pourraient faire son bonheur, et, sur les conseils de l'inimitable et immortelle Déjazet, qui la présenta à M. Plunkett, elle accepta un engagement au Palais-Royal, et débuta sur ce théâtre le 5 août 1858, dans *le Fils de la Belle au Bois-Dormant*.

Elle faisait merveille ensuite dans *le Punch Grassot, la Mariée du Mardi-Gras, les Mémoires de Mimi-Bamboche, la Beauté du Diable, Danaé et sa bonne*, enfin les *Diables roses*.

Schneider a inventé un pas qui restera *légendaire*, à la fin d'une revue des Variétés, *la Lanterne magique*, et cependant on ne voudra jamais le croire, n'est-ce pas ? Hortense Schneider déteste ce *cancan* qui a allumé le brandon, non de la discorde, mais de sa réputation d'artiste *cascadeuse*.

En novembre 1864, on commençait à répéter aux Variétés *la Belle Hélène*.

Dans la pièce, il y a, comme vous l'avez

vu, une scène où les personnages se livrent au noble *jeu de l'Oie*.

Vous savez les sobriquets idiots et traditionnels dont on affublé certains nombres : *22, les 2 cocottes, 11, les jambes de Legrenay, 7, la pipe à Mathieu.*

Dans son rôle, Mlle Silly devait amener ce dernier chiffre, M. Cogniard, qui dirigeait la mise en scène, s'adressa à l'actrice :

— Vous direz la pipe à Ménélas, au lieu de la pipe à Mathieu.

— Oui, Monsieur.

— Mais, Mlle Schneider se redressant :

— Je veux dire *la pipe à Ménélas.*

— Pardon, lui fit Mlle Silly, le mot est à moi.

— Eh bien qu'on vous l'ôte.

D'abord, je cesse de répéter, si je ne dis pas : *la pipe à Ménélas.*

La séance fut suspendue..... chacune des deux artistes menaçait de rendre son rôle si on ne lui en conservait point *par traité* : la pipe à Ménélas.

Le directeur intervint au détriment d'Oreste-Silly, il attribua le mot en litige à Hélène Schneider. Ce déni de justice devait avoir des conséquences incroyables.

. . . .

L'incendie couva trois ans et éclata tout à coup en janvier 1867, lors de la reprise de la *Belle-Hélène*.

Un matin on lut dans le *Figaro* que la veille les deux adversaires s'étaient tiré la langue.... verte à qui mieux en pleine représentation. Le lendemain, le même journal annonça la démission de M{{}}^{lle} Silly acceptée.

Oh ! fit l'agneau blessé, je prendrai pour leur répondre *une plume de tigre*.

En réponse à la lettre de la tigresse Silly, la brebis furieuse, Schneider, écrivit à M. Hippolyte Cogniard :

« Mon cher directeur,

« Je suis injustement attaquée et blessée cruellement. Je ne puis avoir recours qu'en vous pour obtenir justice et réparation.

« Que dois-je faire ?
« Conseillez-moi.
« Votre dévouée pensionnaire,

« SCHNEIDER. »

Le directeur des Variétés répondit :

« Ma chère Pensionnaire,

« Après enquête faite par moi-même dans mon théâtre, je reconnais que vous avez été provoquée et poussée à bout dans la scène qui a eu lieu l'autre soir.

« Je déplore qu'une artiste des Variétés

ait cru devoir donner de la publicité à un fait qui devait rester ignoré du public. Je blâme de toutes mes forces et dans le fond et dans les termes la lettre qui a été publiée. Maintenant vous me demandez réparation. — Que fallait-il faire ?

« Mettre à l'amende celle dont vous avez à vous plaindre ?

« On n'aurait pas manqué de dire que je sacrifiais les petits aux grands.

« J'ai agi pour votre dignité d'artiste : on ne peut plus vous provoquer.

« Vous me dites : conseillez-moi. — Voici mon conseil :

« *Ne répondez pas.*

« Mes amitiés,

« H. Cogniard. »

Oh! la pipe à Ménélas!

Mlle Schneider habite, rue Le Peletier n° 37, un grand appartement (je devrais dire un palais) au second au-dessus de l'entresol.

Ce ne sont là que bronzes, marbres, porcelaines, laques, gobelins et cristaux.

Des négrillons de bois doré, coiffés de corbeilles de fleurs, ornent chaque embrasure de porte et de fenêtre.

Une glace de Venise brille et flamboie au-dessus d'un piano d'ébène et d'une jardinière en bleu tendre dans son cadre d'argent massif.

L'ancien *modillon* de Bordeaux se plaît dans son intérieur (je le crois sans peine) plus que partout ailleurs. — Hortense, malgré ses habitudes mondaines, est, comme on dit vulgairement : *casanière.*

Du reste, je ne sais pas trop pourquoi je m'évertue à l'appeler Hortense, quand il lui est si doux de s'entendre nommer Catherine.

Elle a encore une autre toquade, qui n'ôte rien à son mérite et à ses charmes multiples : elle adore le bésigue.

Son talent, ses façons de jouer la comédie ont été très-finement et très-nettement appréciés par M. Charles Yriarte, dans les pages du *Monde illustré* et par M. Paul Mahalin, dans son intéressant volume : *les Jolies Actrices de Paris.* — Maintenant, laissons parler le « Monsieur de l'Orchestre » du *Figaro*.

Quand Mlle Schneider rentre aux Variétés, l'animation renaît dans les coulisses de ce théâtre; la consigne, qui tend à en faire un couvent ou un pensionnat pour demoiselles, devient moins inflexible : on voit des habits noirs passer derrière la toile du fond. C'est que Mlle Schneider reçoit qui lui plaît et ce ne sont pas les premiers venus qui composent la cour de la Grande Duchesse.

Pendant la représentation, les courtisans défilent dans une vaste loge : les loges de Mlles Zulma Bouffar et Heilbron jointes à celle de Grenier. Cette pièce, qui pourrait s'appeler *les loges réunies*, est coquettement tapissée de rose. Elle se distingue des loges ordinaires par son tapis moëlleux, ses fauteuils grands, confortables, et les lampes au chiffre de la diva accrochées de chaque côté de la glace.

Mlle Schneider ne se contente pas d'emmener avec elle, au théâtre, son habilleuse Joséphine — une habilleuse spécialement attachée à son service, qui l'accompagne toujours, même en voyage — elle est généralement suivie de quelques-uns de ses chiens.

L'aimable artiste a la passion des chiens. Pour le moment elle en possède huit, qu'elle promène du reste fort consciencieusement, et presque tous les jours, de quatre à six heures, autour du lac, ce qui est d'une bonne maîtresse.

Le soir, elle en emporte deux ou trois au théâtre. Tantôt c'est Lisy, une petite merveille de mille francs; tantôt c'est Love, ou Wicky, ou Pugg, ou Meny, ou Mimi, ou Basset, ou bien encore Amédée (rien de De Jallais), le chien de Kopp, charitablement adopté par elle.

Du reste, ce n'est pas seulement pour

le plaisir de les voir là que Mlle Schneider installe dans sa loge quelques-uns de ces amis de l'homme — et de la femme; c'est aussi parce que ses chiens, quoique petits, sont de très-bonne garde. Et des gardiens sûrs ne sont pas inutiles dans une loge où traînent tous les soirs pour plusieurs centaines de mille francs de diamants.

La garde des diamants est pour les actrices un continuel sujet de souci. Une autre actrice des Variétés, moins fournie en pierres précieuses que Mlle Schneider, mais ne tenant pas moins à celles qu'elle a, a trouvé un moyen original pour mettre ses bijoux à l'abri des indiscrets. Dans les tableaux où ces bijoux lui sont inutiles, elle les fourre dans un petit sac en peau qu'elle met ensuite à la place généralement réservée par les dames à ce qu'on appelle *des tournures*. Bien fin celui qui les prendrait là.

Mlle Schneider ne trouverait pas un sac d'une grosseur suffisante : aussi se contente-t-elle d'avoir recours au simple coffret en fer. Un coffret à combinaisons compliquées, par exemple. Le coffret est serré dans une valise en cuir. Devant la valise, les deux chiens. Malheur à qui s'en approche !

C'est le rire qui sert de musique d'entr'actes dans la loge Schneider. On y reçoit de nombreuses visites. Généralement les visiteurs se font précéder par quelques fleurs : roses et lilas ou par des douceurs : bonbons, glaces, fraises.

Pendant que la diva s'arrose de son parfum favori, le *New-Monbray*, dont quelques flacons sont en permanence sur sa toilette, la causerie va son train.

CÉLINE CHAUMONT

A débuté au Théâtre-Déjazet dans un vaudeville intitulé : *Une Histoire de voleurs*. Eugène Déjazet ne voulut pas qu'elle continuât, parce qu'il la trouvait un mauvais pastiche de sa mère. Céline Chaumont alla frapper à la porte du Gymnase, qui l'engagea, et où elle ne tarda pas à jouer les petites filles mal élevées et les soubrettes rodomondes, en vraie élève de Mlle Déjazet. Une fois dans la place elle n'eut pas de peine à y introduire son jeune et sympathique mari, mort de la poitrine il y a environ deux ans. Georges Lefort était le filleul de Levassor et le fils d'un joyeux chansonnier, aussi était-il artiste et chansonnier lui-même.— Ses délicieuses romances : *La première feuille* et *les Baisers* (paroles et musique de lui) furent les premières créations de

Judic et celles qui lui valurent ses premiers succès à l'Eldorado.

En quittant le Gymnase, Céline Chaumont entra aux Folies-Marigny, où elle débuta dans *l'Alphabet de l'Amour*, une gentille opérette de M. de Jallais. — Des Folies-Marigny elle passa aux Menus-Plaisirs et y créa un rôle dans la pièce républicaine de Jules Claretie : *Raymond Lynday*.— Des Menus-Plaisirs aux Bouffes, il n'y a que la distance de trois boulevards et d'un passage à franchir, Céline Chaumont la franchit et débuta chez M. Comte dans *la Princesse de Trébizonde*, sa première création à grand effet.

Enfin elle quitta les Bouffes et fit ses débuts aux Variétés avec un succès très-grand dans Fiorella des *Brigands*, dans le *Trône d'Ecosse*, où elle chantait si délicieusement les couplets d'Hervé :

Je voudrais être le vernis de ses bottes, etc.

Puis vinrent quatre pièces, quatre petits chefs-d'œuvre, écrits spécialement pour elle par Henri Meilhac et Ludovic Halévy ; *Madame attend Monsieur*, *les Sonnettes*, *Toto chez Tata* et *la Petite Marquise*.

Si elle y fut remarquable, vous le savez comme moi, chers lecteurs, car nous avons tous contribué des deux mains à son triomphe. — Dans ces trois pièces, le talent de Céline Chaumont se rapproche beaucoup de celui de Judic. Futée et maligne comme la diva des Bouffes, ainsi que l'indique immédiatement son petit minois agaçant et chiffonné, elle a, comme Judic, l'aplomb et la crânerie irrésistibles, qui font admettre le mot le plus risqué, tant il est bien envoyé. Nous devons dire cependant, pour.être juste, que Céline Chaumont appuie quelquefois trop sur ce qu'elle ne devrait qu'effleurer.

Voici, du reste, le portrait que fait de son talent, au lendemain de la première représentation de *la Petite Marquise*, un écrivain qui s'y connaît, M. Auguste Vitu, du *Figaro* :

« Elle n'a jamais été plus complétement elle-même que dans *la Petite Marquise*. On ne sait pas si elle a été créée et mise au monde pour jouer de ces marquises-là, ou si ces marquises-là ont été inventées exprès pour être jouées par Mme Céline Chaumont. Une finesse extrême, un foyer intérieur qui s'échappe en petits rires nerveux qu'on finit par trouver charmants à moins qu'on ne s'en exaspère, une verve infatigable soutenue par une voix expirante qui se sert de ses inguérissables brisures comme d'un incomparable moyen d'expression, voilà par quels philtres Mme Chaumont entraîne l'enthousiasme des uns et réduit au silence la résistance obstinée des autres. »

Il y a six mois elle devait s'embarquer pour Buenos-Ayres avec la troupe de Mlle Philippe, mais, par bonheur pour nous, ce voyage a été renvoyé aux calendes grecques. Nous pourrons donc aller applaudir pendant longtemps encore, aux Variétés, cette toute gracieuse et toute charmante actrice, qui a trop d'esprit pour nous en vouloir de lui dire avec un mauvais calembour : Malgré tout votre talent, vous êtes en *but, Chaumont*... à quelques critiques que je me garderai bien de faire.

ZULMA BOUFFAR

Encore une *enfant de la balle*, comme la plupart de nos vrais artistes.

Malgré son nom et son prénom : *Zulma Bouffar*, qui ont fait trouver à Paul de Saint-Victor cette originale comparaison : « On dirait d'une plume d'oiseau de paradis sur un bonnet de coton, » malgré, disons-nous, ses yeux bleus et sa chevelure blonde, Zulma, qui se nomme aussi Madeleine, est... GASCONNE. — C'est la ville de Nérac qui l'a vue naître, il y a aujourd'hui une trentaine d'années. C'est Savard qui l'affirme dans : *Les Actrices de Paris*.

· Sa mère jouait en province et son père aussi ; ce dernier était excellent musicien et c'est à ses leçons que Zulma doit le goût et la méthode de son chant.

Elle débuta à six ans à Marseille, dans *la Petite fille bien gardée*, puis elle alla à Lyon où elle n'eut pas moins de succès.

Vers 1855, elle s'engagea dans une troupe de musiciens allemands qui allaient dans la patrie de *Few Johann-Maria* FARINA.
— Laissons Paul Mahalin décrire la scène dans ses *Jolies actrices de Paris*, puis, après lui, Albert Wolff, dans *les Mémoires du boulevard* :

« C'était dans un *gasthauss* de Cologne, un orchestre ambulant composé d'ophycléïdes poussifs et de clarinettes asthmatiques courait les rues. Entre les différents morceaux une petite fille chantait des gaudrioles. On l'appelait la *Petite parisienne*. Elle avait d'autant plus de succès qu'on la comprenait moins. Alors qu'elle attaquait les *Bottes à Bastien*, avec sa voix flûtée et ses mines espiègles, l'orchestre et les passants faisaient silence. On eût entendu le pas d'un puceron résonner sur le pavé...

« En Allemagne, dans les cafés chantants, raconte Albert Wolff, on ne paye pas d'entrée et les chopes n'ont pas encore atteint le prix impudent de quarante sous, comme dans les estaminets lyriques de Paris ; seulement, de temps en temps un artiste de la troupe fait la tournée et récolte la petite monnaie sur une assiette.

Quand c'était le tour de la petite Zulma de se promener avec l'assiette, les pièces blanches pleuvaient de tous les côtés.

Elle était si mignonne.

Et son père avait une si bonne tête ! De temps en temps le père Bouffar daignait venir s'asseoir à notre table et accepter un verre, ou deux, ou trois, ou quatre, de notre petit vin du Rhin. Il avait le petit mot pour rire ce bon père Bouffar.

Un décret qui avait un instant expulsé les enfants de la scène l'avait soi-disant mis sur la paille et interrompu le colossal succès de sa fille au pavillon des Ambassadeurs.

Pour les bourgeois de Cologne le pavillon des Ambassadeurs était une succursale de l'académie impériale de musique !

Le père Bouffar parlait des splendeurs de Paris, du monde, du théâtre et des coulisses, il ne s'arrêtait qu'au moment où sa fille montait sur l'estrade pour chanter une chansonnette.

Alors ses yeux lançaient des flammes, son teint se colorait, tous les muscles de son visage se contractaient.

— Bravo ! bravo ! criait de temps en temps le nouveau *Père de la débutante.*

Et, s'adressant à ses voisins, il ajoutait :

« Ce sera une grande artiste. »

La prédiction paternelle s'est accomplie !

*
* *

Son père l'amena alors à Paris, où elle contracta un bel engagement avec un café-concert du boulevard de Strasbourg, mais avant qu'elle n'y parût, un décret vint qui interdit les exhibitions d'enfants. Ce que voyant, elle partit pour Bruxelles et se mit à chanter au casino des galeries Saint-Hubert en même temps que Darcier ; auparavant, on lui avait déjà entendu dire au casino du Marché-au-Poulet de petits duos avec Mlle Marie Cico (artiste de l'Opéra-Comique), qui avait alors onze ans.

Zulma avait une telle façon de débiter — en costume — ses chansonnettes, que les habitués de l'endroit n'avaient pas tardé à la surnommer, entre deux verres de *faro*, *le Petit Prodige*.

Nous la retrouvons ensuite à Liége, dans *Grand-Papa Guérin* et dans *le Vieux Caporal*, et nous l'y retrouvons déjà familière avec les ovations et les bouquets qui ne lui étaient pas ménagés.

Après être allé en Suède, à Stockholm, et en Danemark, à Copenhague, elle vint à Hambourg : là elle perdit son père. Sa mère était morte depuis longtemps déjà, et la pauvre petite restait orpheline, à l'âge de treize ans à peine. Néanmoins elle continua ses tournées ; à Rotterdam elle rencontra un chanteur du nom de Jules Naza, qu'elle connaissait. Celui-ci la confia aux soins de sa femme, et l'emmena à Bruxelles où il la fit jouer au théâtre d'Ixelles qu'il dirigeait. Elle y passa deux années, puis elle revint à Liége où elle joua les ingénuités, les Déjazet, les soubrettes et où elle chanta l'opérette et tout le répertoire des Bouffes, à la grande joie des spectateurs que son jeune âge et sa gentillesse intéressaient tout particulièrement. Geoffroy qui était venu en représentation à Liége, reconnut tout ce qu'il y y avait d'etoffe dans cette mignonne jeune fille, et il voulut l'emmener à Paris, promettant de la faire entrer au Palais-Royal; Mlle Bouffar refusa et, revenant à Bruxelles, elle joua aux galeries Saint-Hubert.

De là elle retourna en Hollande et elle alla chanter l'opérette à Hombourg. C'est là qu'Offenbach l'entendit, et qu'avec ce tact qui lui a fait deviner tant d'artistes aujourd'hui connus, tels que Berthelier, Désiré, Pradeau, Hortense Schneider, Marie Cico, Lise Tautin et bien d'autres, il s'empressa de lui faire ouvrir toutes grandes les portes des Bouffes-Parisiens. Elle vint à Paris signer son engagement;

il était temps, car, aux Variétés, l'on avait entendu parler d'elle, et des pourparlers étaient sur le point d'avoir lieu.— Bientôt elle partit avec la troupe des Bouffes pour Ems, et c'est là qu'Offenbach lui confia le sort de sa ravissante saynette, *Lischen et Fritzchen*, qu'il avait écrite exprès pour elle en quelques heures. C'est dans ce même ouvrage qu'elle fit ses débuts à Paris, aux Bouffes, Elle joua après dans les *Georgiennes*, un rôle épisodique de capitaine-nourrice qui confirma plus encore ses succès précédents.

Des Bouffes elle passa, avec sa grâce et son originalité pour armes et bagages, aux Folies-Dramatiques où on lui confia le rôle d'Eolin, dans *la Fille de l'air* ; puis après avoir été entendue au théâtre Lyrique dans la Flûte enchantée, elle revint aux Bouffes, et des Bouffes alla gazouiller au Palais-Royal, dans la *Vie parisienne*.

Sa mine est mutine, sans effronterie; son jeu facile, sans laisser-aller ; elle est, si cela peut se dire, timidement hardie, quant à sa voix, vous savez à quel point elle est agréable surtout lorsqu'elle fredonne la musique d'Offenbach qui, décidément, n'a pas le mauvais œil pour tout le monde.

Au moment où nous allons mettre sous presse, Zulma Bouffar joue à St-Pétersbourg et y obtient tous les triomphes et tous les honneurs de l'opérette *Offenbachique*. Attendons-nous à revoir bientôt toutes les rivières... de diamants de la Russie sur le cou de Zulma.

ALINE DUVAL

Depuis déjà longtemps duègne en titre des Variétés, a tenu pendant vingt-cinq ans les rôles de soubrette, tant en province qu'à l'étranger et toujours en compagnie de Ravel. Par son art de dire et de détailler le couplet, elle a souvent égalé Arnal. Aujourd'hui Aline Duval a cinquante ans sonnés, mais dites-nous s'il est possible de trouver une figure plus fine et plus jeune que la sienne à cet âge-là? Sa carrière, qui a été plus qu'heureuse, peut se résumer ainsi : Aline Duval a fait battre bien des cœurs, pleuré bien des yeux et excité bien des rires.

HEILBRON

Hollandaise de naissance (comme les toupies... les jolies... s'entend), a été pensionnaire du théâtre national de l'Opéra-Comique et a brillé en province et à l'étranger, surtout à La Haye.— A débuté fort heureusement aux Variétés, dans *les Braconniers*, et a créé ensuite, avec non moins de talent, le rôle de Cocorilla dans *la Veuve du Malabar*. A joué depuis avec grand succès *la Traviata* aux Italiens.

DEVERIA

Une très-jolie femme et une artiste très-appréciée, qui nous est arrivée de Russie, il y a trois ans, et dont les débuts eurent lieu avec succès aux Folies-Dramatiques, dans *les Turcs*, opéra bouffe de MM. Jaime et Crémieux, musique d'Hervé.

Malheureusement, la maladie, qui s'en prend de préférence à la beauté et au talent, malmena Mlle Deveria, à ce point qu'elle ne put créer, cet hiver, aux Variétés, le rôle écrit pour elle dans *la Veuve du Malabar*, et que Mlle Schneider a joué à sa place. Mlle Deveria ne revint à la santé, ou à peu près, que pour jouer Metella dans *la Vie Parisienne*. Cette reprise fut loin de lui valoir le triomphe que nous avions espéré pour elle, avec une nouvelle création, comme celle des *Turcs*. — Tous nos vœux pour le rétablissement de Mlle Deveria.

GABRIELLE GAUTHIER

> « Sous l'étendard de la Folie
> « Fuyons les lois de la raison ;
> « Car pour la fille de Thalie
> « Froide sagesse est un poison. »
> (Jenny Vertpré.)

Débuta aux Délassements (rue de Provence) en 1865, dans les *Spectres et Fantômes*, et l'on peut dire qu'elle était dans le rôle... car à cette époque elle était d'une maigreur... et dans une panne !... Il était temps qu'elle fît la connaissance d'un auteur dramatique, M. B....., qui commençait à percer, et qui l'aida de toute son influence.

Gabrielle Gauthier continua ses débuts au même théâtre dans *la Reine Crinoline*, revue de M. Ernest Blum. Après avoir quitté les Délassements, Gabrielle Gauthier resta deux ou trois ans sans jouer, puis se fit engager aux Variétés, où elle a créé très-intelligemment des rôles assez importants dans *le Mot de la fin*, *la Revue en ville*, *les Cent Vierges*, et en dernier lieu dans *les Merveilleuses*. C'est pendant les représentations de cette erreur de Sardou, que Gabrielle Gauthier, qui portait un costume trop léger, prit froid et fut obligée de se mettre au lit; une fièvre sérieuse se déclara et Gabrielle n'est pas encore hors de danger.

Il n'est, paraît-il, pas de femme plus admirablement faite que cette *merveilleuse* brune. — Gabrielle Gauthier est l'amie *intime* de Thérésa, qui lui a offert plus d'une fois l'hospitalité, quand des chagrins d'amour l'empêchaient de rentrer chez elle !

Mais une amitié plus sincère encore est celle que Gabrielle témoigna à Henri Rochefort, à qui elle alla faire ses adieux à Versailles quelques jours avant que l'auteur de *la Lanterne* ne fût embarqué pour la Nouvelle-Calédonie.

Signes politiques. — Gabrielle Gauthier est républicaine, elle ne lit que *le Rappel*, ce qui donne lieu à de violentes altercations entre elle et Berthe Legrand, qui est plus bonapartiste que le Prince impérial lui-même.

WANGHELL

Complimentons la Belgique qui l'a vue naître, une fois... savez-vous ? Vanghell a débuté aux Folies-Dramatiques dans le *Petit Faust*, et Hervé a avoué depuis qu'il n'avait jamais trouvé un *Méphisto* aussi réussi.

Des Folies, Vanghell passa aux Bouffes où elle reprit, dans les *Bavards*, le rôle de Mme Ugalde. Elle est maintenant pensionnaire des Variétés, c'est elle qui chantait, dans *les Cents Vierges*, cette valse de Lecoq devenue si populaire.

Pendant son séjour aux Folies, Vanghell faillit faire perdre la tête à un artiste qui chantait assez bien la tyrolienne de *l'Œil crevé* :

Cet artiste, la distinction même, était venu du théâtre *Saint-Marcel*.

ALICE REGNAULT

Une de nos jolies actrices à diamants ; elle en porte en effet beaucoup et imite en cela ses devancières, Duverger et Léonide Leblanc. Alice Regnault a commencé aux Bouffes, mais que nous sommes loin de ces modestes débuts ; aujourd'hui Alice Regnault prend des leçons d'un de nos grands artistes de la Comédie-Française et va jouer en représentation ainsi que nous l'avons vu tout dernièrement à Cluny, dans *la Maison du Mari*, où ses diamants et ses toilettes ont révolutionné toute la rive gauche; elle a joué aux Variétés avec succès dans *le Trône d'Ecosse*, dans *les Cent Vierges* et dans *le Tour du Cadran*, où elle faisait une cocotte on ne peut plus réussie.

Alice Regnalt fut accusée, il y a deux ans, d'avoir été mêlée au procès scandaleux de la rue de Surènes, on eut bientôt la preuve du contraire.

Alice Regnault vient de débuter au Palais-Royal dans *le Homard*, de Gondinet, et *la Mi-Carême*, de Meilhac et Halévy.

BERTHE LEGRAND

Aussi jolie qu'ambitieuse, a eu Dupuis pour professeur de déclamation.

A quitté les Variétés et même Paris, croyons-nous, pour des raisons majeures.

La lecture du procès Gélignier (*la bande des casquettes noires*) lui aurait, dit-on, tourné la tête.

P. S. Mlle Berthe Legrand est revenue. Elle était partie en Russie. — Elle a débuté aux Bouffes dans *les Parisiennes*.

Qu'on se le dise!

BERTHALL

A fait ses premières armes aux Folies-Dramatiques, puis est entrée aux Variétés où elle a remplacé Zulma Bouffar dans *les Brigands*.

A joué dernièrement dans la reprise de *la Vie parisienne*, et fait pour le moment les délices de Monaco, où son directeur l'a envoyé en compagnie de Berthelier, Deltombe et Aline Duval.

MADEMOISELLE BODE

Transfuge de l'Odéon, cette jolie blonde se fera, grâce à son talent, une belle place aux Variétés ; elle a repris à ce théâtre le rôle de Mme Priston, dans *les Merveilleuses*, et elle a joué dans *la Petite Marquise*.

GRANVILLE

Belle femme. Etait à Bordeaux et y tenait agréablement le grand emploi des Schneider.

M. Bertrand l'a engagée pour la pousser ferme. Espérons qu'elle ne restera pas en arrière, elle a débuté aux Variétés l'année dernière dans *la Revue n'est pas au coin du quai*, puis a joué dans la *Veuve du Malabar*, et vient d'avoir la bonne fortune de faire une création dans *la Petite Marquise*. Mlle Granville croit que la vérité séjourne au fond *du puits*.

LAVIGNE

Une jolie utilité qui a remplacé Alice Regnault dans *les Cent Vierges*. C'est même la seule fois, dit-on, que l'on ait vu *Lavigne* vierge.

PAULINE KLEIN

Une autre jolie utilité, qui sut d'abord se rendre utile dans... les Bouillons-Poret. Ne rougissez pas, mademoiselle, le bouillon a de *l'œil* et vous en avez aussi; remarquez que je ne dis pas que... vous le faites.

Et de trois! Nous avons fini avec les Variétés.

Puisses-tu avoir remarqué, lecteur indulgent, que ce troisième opuscule, comme les deux précédents, du reste, ne doit porter préjudice, ni par le fond, ni par la forme, aux nombreuses personnalités dont il t'a entretenu pendant cent et quelques pages. Quelquefois la plume égratigne, mais elle ne blesse point.

Donc, nous croyons avoir rempli notre but.

Nous t'avons offert notre bras, et nous t'avons promené à travers les coulisses du Passé et du Présent, sur cette joyeuse petite scène dont la réputation européenne a fait un monument de Paris.

Nous avons, faubourg Poissonnière, une pépinière de fruits secs bien improprement nommée :

Conservatoire de musique et de déclamation.

Pourquoi n'aurions-nous pas, sur ce boulevard Montmartre, qui est à la fois le cœur et le cerveau de la capitale, un *Conservatoire d'opérette,* puisqu'aujourd'hui ce genre fait école ?

M. Bertrand n'aurait qu'à faire graver un sous-titre sur le fronton de son théâtre déjà si bien baptisé.

Je dis si bien baptisé, car toutes les troupes et tous les répertoires qui ont défilé depuis quatre-vingt-trois ans sur les Variétés, n'ont cessé de charmer le public par la variété de leurs tatents.

Henry Buguet.

Janvier 1874.

EN VENTE
A LA MÊME LIBRAIRIE

FORMAT IN-18

OPÉRAS COMIQUES ET OPÉRETTES

LA FILLE DE Mme ANGOT, 3 actes..	2 fr.	»
LA LIQUEUR D'OR, 3 actes.	2	»
LA JOLIE PARFUMEUSE, 3 actes.. .	2	»
LE FLORENTIN, 3 actes.	1	»
DON CÉSAR DE BAZAN, 3 actes...	1	»
LE PREMIER JOUR DE BONHEUR, 3 actes.	1	»
LA FANCHONNETTE, 3 actes. . . .	1	»
VERT-VERT, 3 actes.	1	»
RÊVE D'AMOUR, 3 actes.	1	»
MAZEPPA, 3 actes.	2	»
POMME D'API, 1 acte.	1	50
LA PERMISSION DE DIX HEURES, 1 acte..	1	»
LA LEÇON D'AMOUR, 1 acte. . . .	1	»
MAITRE PATHELIN, 1 acte.	1	»
LES PAPILLOTES DE M. BENOIST, 1 acte.	1	»

LE NOUVEAU SEIGNEUR DE VILLAGE, 1 acte..	1 fr.	»
LA NUIT DES NOCES DE LA FILLE ANGOT, 1 acte.	1	»
LES FOLIES AMOUREUSES, 1 acte.	1	»
LES BAVARDS, 2 actes..	1	»
ÉLISABETH OU LA FILLE DU PROSCRIT, 3 actes..	1	»
DON GREGORIO, 3 actes.	1	»
MARIÉE DEPUIS MIDI, 1 acte..	1	50
L'ÉCOSSAIS DE CHATOU, 1 acte..	1	»

OUVRAGES
SUR LA CHASSE

PAR

ELZEAR BLAZE

LE LIVRE DU ROY MODUS ET LA ROYNE RACIO.
— Recueil des anciennes chroniques de chasse. 1 beau vol. gr. in-8°. . . 50 fr.

LE CHASSEUR AUX FILETS OU LA CHASSE DES DAMES. — Contenant les habitudes, les ruses des petits Oiseaux, leurs noms vulgaires et scientifiques, l'Art de les prendre, de les nourrir et de les faire chanter en toute saison, la manière de les engraisser, de les tuer et de les manger. Un vol. in-8°, très-rare (épuisé). . . . . . 30 fr.

HISTOIRE DU CHIEN CHEZ TOUS LES PEUPLES DU MONDE, d'après la Bible, les Pères de l'Eglise, le Koran, Homère, Aristote, Xénophon, Hérodote, Plutarque, Pausanias,

Pline, Horace, Virgile, Ovide, Jean Caïus, Paulini, Gessner, etc. Un vol. in-8°, rare. . . . . 15 fr.

LE CHASSEUR AU CHIEN COURANT. — Contenant les habitudes, les ruses des Bêtes, l'Art de les quêter, de les juger et de les détourner, de les attaquer, de les tirer ou de les prendre à force; l'éducation du Limier, des Chiens courants, leurs maladies, etc. 2 vol. in-18. . . . . . . 7 fr.

LE CHASSEUR AU CHIEN D'ARRÊT. — Contenant les habitudes, les ruses du Gibier, l'Art de le chercher et de le tirer; le choix des Armes, l'Education des Chiens, leurs maladies, etc. Un volume in-18. 3 fr. 50.

LE CHASSEUR CONTEUR. — Recueil des Chroniques de chasse. Un vol. in-18. 3 fr. 50.